Viande hachée

TORMONT

●●●●●●●●●●●●●●●●●●●●●●

Photographies :
f2.8 Photo inc.
Melissa du Fretay
Studio Pol Martin (Ontario) Ltée.
Studio Tormont
Tango Photographie
Conception graphique : Cyclone Design Communications

Recette de la couverture : *Boulettes de porc grillées*, p. 35.

Canadä

Nous reconnaissons l'aide financière du gouvernement du Canada
par l'entremise du Programme d'aide au développement de l'industrie
de l'édition (PADIÉ) pour nos activités d'édition.

Dépôt légal – Bibliothèque et Archives nationales du Québec, 2008.

Imprimé en Chine
ISBN 978-2-7641-2239-6

Viande hachée

Personne n'a beaucoup de temps à passer dans la cuisine. La viande hachée permet de réaliser rapidement un repas non seulement savoureux, mais aussi très économique.

Ce livre propose plus de 90 recettes à base de viande hachée : bœuf, veau, porc, poulet, agneau. Il y a également quelques plats de bison, une viande très maigre qui gagne en popularité.

Si une recette vous tente, rien ne vous empêche de substituer la viande à une autre que vous aimez davantage.
Vers la fin du livre se trouvent aussi des préparations avec deux ou trois types de viande hachée pour plus de saveur.

Plusieurs recettes se préparent au barbecue. Si vous n'en avez pas, vous pouvez tout simplement faire cuire la viande sous le gril du four.

Chaque plat est accompagné d'une photo en couleur qui vous aidera à décider en un clin d'œil de ce que vous avez envie de manger.

BŒUF

Hamburgers aux pignons
4 à 6 portions

750 g	bœuf haché maigre	1 1/2 lb
1	oignon, haché finement	1
1	gousse d'ail, écrasée	1
125 ml	mie de pain, émiettée	1/2 tasse
125 ml	parmesan râpé	1/2 tasse
120 g	pignons	4 oz
125 ml	persil frais haché finement	1/2 tasse
2	œufs	2
5 ml	poivre noir	1 c. à thé
	huile végétale	

1 Préchauffer le barbecue à intensité élevée.

2 Dans un bol, mélanger tous les ingrédients, sauf l'huile végétale.

3 Former 4 ou 6 galettes. Badigeonner d'huile végétale.

4 Faire cuire sur la grille chaude du barbecue environ 5 minutes de chaque côté, ou jusqu'à ce que les galettes soient dorées et croustillantes.

5 Servir sur des petits pains à l'oignon et garnir de champignons portobellos grillés, si désiré.

Hamburgers aux ananas

8 portions

10 ml	huile végétale	2 c. à thé
1	oignon, haché finement	1
1	gousse d'ail, écrasée	1
1	poivron vert, haché	1
1 kg	bœuf haché maigre	2 lb
5 ml	herbes de Provence	1 c. à thé
2	œufs, battus	2
500 ml	chapelure de blé entier	2 tasses
125 ml	cheddar râpé	1/2 tasse
15 ml	pâte de tomates	1 c. à soupe
	poivre du moulin	
8	tranches d'ananas	8
	beurre fondu	
8	pains à hamburgers	8

1 Dans une casserole, faire chauffer l'huile végétale à feu moyen et y faire cuire l'oignon, l'ail et le poivron 5 minutes. Laisser tiédir quelques minutes.

2 Dans un bol, mélanger les légumes cuits avec le bœuf haché, les herbes de Provence, les œufs, la chapelure, le cheddar et la pâte de tomates. Poivrer. Former 8 galettes.

3 Huiler la grille du barbecue et le préchauffer à intensité élevée. Faire cuire les galettes sur la grille chaude du barbecue de 5 à 6 minutes de chaque côté.

4 Badigeonner les tranches d'ananas de beurre fondu et les faire griller au barbecue 2 minutes de chaque côté.

5 Faire griller légèrement les pains à hamburgers. Les garnir ensuite d'une galette de viande et d'une tranche d'ananas. Ajouter des tomates et de la luzerne, si désiré.

Hamburgers faciles
4 portions

500 g	bœuf haché maigre	1 lb
1	oignon de taille moyenne, haché	1
2 ml	poudre de chili	1/2 c. à thé
30 ml	pâte de tomates	2 c. à soupe
45 ml	chapelure	3 c. à soupe
1	œuf	1
	une pincée de paprika	
	sel et poivre du moulin	
	huile végétale	

1 Au robot culinaire ou au mélangeur électrique, mélanger tous les ingrédients, sauf l'huile végétale, jusqu'à ce que la viande forme une boule.

2 Former 4 galettes et les badigeonner d'huile végétale des deux côtés.

3 Préchauffer le barbecue à intensité moyenne-élevée. Faire cuire les galettes sur la grille chaude du barbecue de 5 à 6 minutes de chaque côté.

4 Servir dans des petits pains ronds grillés, avec des garnitures au choix.

Hamburgers assaisonnés
4 portions

500 g	bœuf haché maigre	I lb
I	œuf, battu	I
I	oignon, haché finement	I
I	gousse d'ail, hachée finement	I
50 ml	chapelure	I/4 tasse
5 ml	poudre de chili	I c. à thé
5 ml	coriandre moulue	I c. à thé
	sel et poivre du moulin	
30 ml	sauce Worcestershire	2 c. à soupe

1 Dans un bol, défaire le bœuf à l'aide d'une fourchette. Ajouter l'œuf, l'oignon, l'ail, la chapelure, le chili, la coriandre, du sel et du poivre ; mélanger.

2 Former 4 galettes, puis les badigeonner de sauce Worcestershire.

3 Huiler la grille du barbecue et le préchauffer à intensité moyenne-élevée. Faire cuire les galettes sur la grille chaude du barbecue de 5 à 6 minutes de chaque côté.

4 Servir dans des petits pains ronds grillés, avec des garnitures au choix.

Hamburgers à la mexicaine
4 portions

500 g	bœuf haché maigre	1 lb
1	sachet d'assaisonnement pour taco, d'environ 35 g	1
1	œuf, battu	1
120 g	fromage cheddar, en tranches	4 oz
	feuilles de laitue et tranches de tomate	
	pains à hamburgers, divisés en deux, grillés	
	sauce pour taco en bouteille (facultatif)	

1 Dans un grand bol, bien mélanger le bœuf, l'assaisonnement pour taco et l'œuf. Former 4 galettes.

2 Faire cuire au barbecue ou sous le gril du four, selon le degré de cuisson désiré. Garnir de fromage; poursuivre la cuisson jusqu'à ce que le fromage ait fondu.

3 Pour servir, garnir la moitié inférieure des petits pains de feuilles de laitue et de tranches de tomate. Déposer ensuite une galette de viande et de la sauce pour taco, si désiré. Couvrir de l'autre moitié des pains.

Pâté chinois sans maïs
6 portions

750 g	bœuf haché maigre	1 1/2 lb
500 ml	champignons frais tranchés	2 tasses
2	boîtes de sauce à pizza, chacune de 213 ml (7 1/2 oz)	2
1	sachet de mélange pour sauce à spaghetti d'environ 43 g	1
500 ml	haricots verts coupés, surgelés	2 tasses
6	pommes de terre de taille moyenne, pelées et en dés	6
175 ml	lait chaud	3/4 tasse
30 ml	beurre	2 c. à soupe
300 ml	fromage cheddar râpé	1 1/4 tasse
	sel et poivre	

1 Préchauffer le four à 180 °C (350 °F).

2 Dans une grande poêle, faire sauter le bœuf et les champignons jusqu'à ce que la viande soit brunie, et les champignons, tendres. Égoutter.

3 Incorporer la sauce à pizza, le mélange pour sauce à spaghetti et les haricots verts. Avec une cuillère, étaler la préparation à la viande dans un plat rectangulaire d'une capacité de 2 litres (8 tasses), peu profond et allant au four.

4 Dans une grande casserole remplie d'eau bouillante salée, faire cuire les pommes de terre 20 minutes, ou jusqu'à ce qu'elles soient tendres. Les égoutter, puis les réduire en purée avec le lait et le beurre. Incorporer 250 ml (1 tasse) de cheddar. Saler et poivrer au goût.

5 Étaler la purée de pommes de terre sur la couche de viande et de légumes. Parsemer du reste de cheddar. Faire cuire au four 30 minutes, ou jusqu'à ce que le fromage ait fondu.

Pâté de bœuf aux tomates
4 portions

15 ml	huile végétale	1 c. à soupe
1	oignon, finement haché	1
1	branche de céleri, hachée	1
1	poivron vert, haché	1
3	gousses d'ail, pelées et hachées	3
5 ml	basilic	1 c. à thé
2 ml	thym	1/2 c. à thé
500 g	bœuf haché maigre	1 lb
5 ml	moutarde en poudre	1 c. à thé
796 ml	tomates en conserve, égouttées et hachées	28 oz
175 ml	jus de tomate	3/4 tasse
750 ml	purée de pommes de terre	3 tasses
	beurre fondu	
	sel et poivre fraîchement moulu	

1 Préchauffer le four à 190 °C (375 °F).

2 Dans une poêle, faire chauffer l'huile à feu moyen et y faire cuire l'oignon, le céleri, le poivron et l'ail 3 minutes.

3 Ajouter le basilic, le thym, le bœuf et la moutarde. Saler, poivrer et faire cuire 8 minutes, à feu moyen.

4 Incorporer les tomates et le jus de tomate. Poursuivre la cuisson 3 minutes.

5 Verser le mélange dans un plat allant au four. Couvrir de purée de pommes de terre. Arroser légèrement de beurre fondu. Faire cuire au four 20 minutes.

Boulettes de viande au four

4 portions

500 g	bœuf haché maigre	1 lb
50 ml	chapelure	1/4 tasse
1	sachet de soupe aux champignons de 1 portion	1
125 ml	lait	1/2 tasse

1 Préchauffer le four à 260 °C (500 °F).

2 Dans un grand bol, mélanger tous les ingrédients; former 32 boulettes.

3 Les déposer côte à côte dans un grand plat peu profond allant au four, tapissé de papier d'aluminium. Faire cuire au four 8 minutes, ou jusqu'à ce que les boulettes soient cuites; égoutter.

4 Servir ces boulettes de viande avec de la sauce aux champignons (voir p. 95) ou de la sauce au cari (voir p. 95), avec du riz ou des nouilles.

Hamburgers steaks aux oignons
6 portions

750 g	bœuf haché maigre	1 1/2 lb
60 ml	oignons hachés, cuits	4 c. à soupe
1	œuf	1
15 ml	persil haché	1 c. à soupe
30 ml	huile d'olive	2 c. à soupe
2	oignons de taille moyenne, tranchés	2
2	poivrons verts, tranchés	2
300 ml	bouillon de bœuf, chaud	1 1/4 tasse
5 ml	fécule de maïs	1 c. à thé
30 ml	eau froide	2 c. à soupe
	sel et poivre	
	quelques gouttes de sauce Worcestershire	

1 Dans un robot culinaire, mettre le bœuf, les oignons cuits, l'œuf, le persil et la sauce Worcestershire; saler et poivrer. Mélanger de 2 à 3 minutes, ou jusqu'à ce que la viande forme une boule. Retirer du robot et former 6 galettes.

2 Dans une grande poêle, faire chauffer l'huile d'olive à feu moyen et y faire cuire les galettes de 8 à 10 minutes, ou selon l'épaisseur. Retourner 3 fois durant la cuisson.

3 Retirer les galettes de la poêle et tenir chaud.

4 Dans la même poêle chaude, faire cuire à feu moyen les oignons tranchés 6 minutes. Ajouter les poivrons et poursuivre la cuisson 4 minutes. Incorporer le bouillon de bœuf, remuer et rectifier l'assaisonnement.

5 Dans un bol, diluer la fécule de maïs dans l'eau froide. Verser ensuite dans la sauce. Porter à ébullition.

6 Napper les galettes de sauce et servir.

Hamburgers steaks à l'italienne
6 portions

750 g	bœuf haché maigre	1 1/2 lb
1	oignon de taille moyenne, haché et cuit	1
2	gousses d'ail blanchies, pelées et hachées	2
1	œuf	1
15 ml	cari	1 c. à soupe
15 ml	persil haché	1 c. à soupe
30 ml	huile d'olive	2 c. à soupe
1	carotte, pelée et en dés	1
1	gousse d'ail, pelée et hachée	1
1	branche de céleri, en dés	1
4	grosses tomates pelées, épépinées et hachées	4
30 ml	pâte de tomates	2 c. à soupe
5 ml	origan	1 c. à thé
	sel et poivre	
	quelques gouttes de sauce Worcestershire	

1 Dans le bol du robot culinaire, mettre les 6 premiers ingrédients ; poivrer et mélanger 3 minutes, ou jusqu'à ce que la viande forme une boule. Retirer du robot et former 6 galettes.

2 Dans une grande poêle, faire chauffer l'huile d'olive à feu moyen et faire cuire les galettes de 8 à 10 minutes, ou selon l'épaisseur. Retourner 3 fois durant la cuisson.

3 Retirer les galettes de la poêle et tenir chaud.

4 Dans la même poêle chaude, faire cuire la carotte, l'ail et le céleri 4 minutes, à feu moyen. Incorporer les tomates, la pâte de tomates, l'origan et la sauce Worcestershire. Poursuivre la cuisson 7 minutes à feu moyen.

5 Rectifier l'assaisonnement et servir les légumes avec les galettes de viande.

Quiche au bœuf
6 à 8 portions

750 g	bœuf haché maigre	1 1/2 lb
250 ml	chapelure	1 tasse
150 ml	consommé de bœuf	2/3 tasse
1	œuf	1
125 ml	oignon haché finement	1/2 tasse
2 ml	sel d'ail	1/2 c. à thé
1	boîte de sauce à pizza de 213 ml (7 1/2 oz)	1
500 ml	mozzarella râpé	2 tasses
	garnitures pour pizza : tranches de champignons, de poivrons verts, d'olives, etc.	
30 ml	parmesan râpé	2 c. à soupe

1 Préchauffer le four à 180 °C (350 °F).

2 Dans un grand bol, bien mélanger le bœuf, la chapelure, le consommé de bœuf, l'œuf, l'oignon et le sel d'ail. Tasser uniformément ce mélange dans une assiette à quiche de 30 cm (12 po) de diamètre ; façonner un bord de 12 mm (1/2 po) de large sur le pourtour de l'assiette. Étaler la sauce à pizza sur la viande. Parsemer de mozzarella, des autres garnitures, puis du parmesan.

3 Faire cuire au four 20 minutes, ou jusqu'à ce que la viande soit cuite. Couper en pointes et servir.

Bœuf haché en salade

4 portions

500 g	bœuf haché maigre	1 lb
1	sachet d'assaisonnement pour taco (environ 35 g)	1
175 ml	eau	3/4 tasse
1,5 litre	laitue iceberg émincée en chiffonnade	6 tasses
1	petit poivron vert, en dés	1
1	oignon vert, tranché	1
500 ml	gruyère, en dés	2 tasses
2	tomates, épépinées et en dés	2
1/2	concombre de taille moyenne, épépiné et en dés	1/2
	vinaigrette du commerce, de type ranch	

1 Dans une grande poêle, faire cuire le bœuf à feu moyen ; jeter la graisse de cuisson. Saupoudrer l'assaisonnement pour taco sur la viande. Verser l'eau, puis mélanger. Faire cuire à feu moyen, en remuant, jusqu'à ébullition. Retirer du feu ; laisser refroidir.

2 Juste avant de servir, mélanger la laitue avec le poivron vert et l'oignon vert.

3 Répartir entre des bols à salade. Garnir de rangées de préparation à la viande, de fromage, de tomates et de concombre. Servir avec la vinaigrette.

Bœuf et fèves au lard
8 portions

1/2 lb	bœuf haché maigre	250 g
1	boîte de fèves au lard de 398 ml (14 oz)	1
1/4 tasse	sauce barbecue en bouteille ou voir recette p. 93	50 ml
4	pains à hamburgers	4
3 tasses	monterey jack, râpé	750 ml

1 Dans une grande poêle, faire cuire la viande à feu moyen ; jeter la graisse de cuisson. Ajouter les fèves et la sauce barbecue ; porter à ébullition à feu moyen-vif.

2 Réduire le feu, laisser mijoter à découvert 5 minutes, ou jusqu'à ce que la préparation soit bien chaude.

3 Diviser les pains en deux et les faire griller sous le gril préchauffé du four. Sortir les demi-pains du four et parsemer de 50 ml (1/4 tasse) de fromage. Remettre au four et faire griller jusqu'à ce que le fromage ait fondu.

4 Avec une cuillère, répartir la préparation aux fèves au lard entre les demi-pains. Garnir du reste du fromage et faire griller au four jusqu'à ce que le fromage soit fondant.

Chili con carne
4 portions

1	portion de sauce au bœuf et au cheddar, décongelée (voir p. 90)	1
1	boîte de haricots rouges de 540 ml (19 oz), égouttés	1
1	boîte de tomates entières de 398 ml (14 oz)	1
15 ml	assaisonnement au chili	1 c. à soupe
	cheddar râpé	

1 Dans une grande casserole, mélanger la sauce au bœuf et au cheddar avec les haricots, les tomates et l'assaisonnement au chili. Porter à ébullition à feu moyen-vif.

2 Réduire le feu, couvrir et laisser mijoter 30 minutes, en remuant de temps à autre.

3 Parsemer chaque portion de cheddar au moment de servir.

Escalopes à la sauce bolonaise
4 portions

60 ml	beurre	4 c. à soupe
4	escalopes de veau, chacune de 120 g (4 oz)	4
	sel et poivre du moulin	
4	portions de raviolis cuits	4
500 ml	sauce bolonaise, du commerce	2 tasses
	parmesan râpé, au gout	

1 Dans une poêle, faire fondre 30 ml (2 c. à soupe) de beurre à feu moyen-vif et faire cuire les escalopes de 3 à 4 minutes de chaque côté. Saler et poivrer en fin de cuisson.

2 Transférer le veau dans un plat de service et couvrir de papier d'aluminium pour tenir la viande au chaud.

3 Dans un bol, enrober les raviolis cuits et chauds de 30 ml (2 c. à soupe) de beurre, puis saler et poivrer.

4 Dans une casserole, faire chauffer la sauce bolonaise.

5 Répartir les pâtes chaudes entre quatre assiettes, garnir d'une escalope de veau ainsi que de sauce bolonaise. Parsemer de fromage et servir.

● ●

Macaronis au fromage, sauce à la viande
4 portions

30 ml	huile d'olive	2 c. à soupe
I	oignon, pelé et haché finement	I
2	gousses d'ail, pelées et hachées	2
375 g	bœuf haché maigre	3/4 lb
250 ml	vin rouge sec	I tasse
796 ml	tomates italiennes en conserve, égouttées et hachées	28 oz
15 ml	persil frais haché	I c. à soupe
15 ml	basilic frais haché	I c. à soupe
350 g	macaronis, cuits	3/4 lb
150 ml	parmesan râpé	2/3 tasse
7	tranches de provolone fort	7
	sel et poivre fraîchement moulu	

1 Dans une poêle, faire chauffer l'huile d'olive à feu moyen et y faire cuire l'oignon et l'ail 4 minutes.

2 Ajouter le bœuf haché ; saler et poivrer. Faire cuire 4 minutes à feu moyen. Verser le vin et poursuivre la cuisson 4 minutes.

3 Ajouter les tomates, le persil et le basilic ; saler et poivrer. Mélanger, couvrir et faire cuire 15 minutes à feu doux.

4 Préchauffer le four à 180 °C (350 °F).

5 Garnir de la moitié des macaronis chauds le fond d'un moule allant au four, beurré. Ajouter la moitié de la sauce à la viande et saupoudrer de parmesan. Répéter ces couches et terminer par les tranches de provolone.

6 Faire cuire au four 20 minutes.

Lasagne
6 portions

1	portion de sauce au bœuf et au cheddar, décongelée (voir p. 90)	1
1	boîte de pâte de tomates de 156 ml (5 1/2 oz)	1
2 ml	origan séché	1/2 c. à thé
8	lasagnes cuites et égouttées	8
250 ml	fromage cottage	1 tasse
210 g	mozzarella, en tranches	7 oz
	parmesan râpé	

1 Préchauffer le four à 190 °C (375 °F).

2 Dans un grand bol, mélanger la sauce au bœuf et au cheddar, la pâte de tomates et l'origan. Étaler une mince couche de préparation dans un plat rectangulaire d'une capacité de 2 litres (8 tasses), peu profond et allant au four.

3 Disposer par couches la moitié des lasagnes, la moitié du reste de la sauce, tout le fromage cottage et la moitié des tranches de mozzarella.

4 Répéter ces couches avec le reste des lasagnes, de la sauce et du mozzarella. Saupoudrer de parmesan râpé.

5 Faire cuire au four 35 minutes, ou jusqu'à ce que la lasagne soit bien chaude.

Casserole de bœuf et tagliatelle
4 à 6 portions

750 ml	tagliatelle	3 tasses
500 g	bœuf haché maigre	I lb
125 ml	poivron vert haché	1/2 tasse
I	boîte de sauce tomate de 398 ml (14 oz)	I
2 ml	origan séché	1/2 c. à thé
250 ml	fromage cottage	I tasse
250 ml	cheddar râpé	I tasse
50 ml	crème sure	1/4 tasse
30 ml	oignons verts, hachés finement	2 c. à soupe
	sel	

1 Préchauffer le four à 180 °C (350 °F).

2 Dans une grande casserole, faire cuire les pâtes selon les instructions sur l'emballage; les égoutter.

3 Dans une grande poêle, faire sauter le bœuf et le poivron vert jusqu'à ce que la viande soit brunie et le poivron, tendre; égoutter. Incorporer la sauce tomate et l'origan. Porter à ébullition à feu moyen, en remuant; retirer du feu.

4 Dans un petit bol, mélanger le fromage cottage avec la moitié du cheddar, la crème sure, les oignons verts et du sel. Verser la moitié des pâtes dans un plat carré de 20 cm (8 po) de côté, allant au four et non graissé. Couvrir de préparation au fromage, puis du reste des pâtes. Napper de la préparation à la viande.

5 Parsemer du reste du cheddar et faire cuire au four, à découvert, 30 minutes, ou jusqu'à ce que les pâtes soient bien chaudes. Laisser reposer 5 minutes avant de servir.

Spaghettis aux boulettes de viande
4 portions

375 g	bœuf haché maigre	3/4 lb
1	œuf	1
3 c. à soupe	oignon haché, cuit	45 ml
1 c. à soupe	persil haché	15 ml
2 c. à soupe	huile d'olive	30 ml
1	poivron jaune, en dés	1
500 ml	sauce tomate épicée	2 tasses
4	portions de spaghettis cuits, chauds	4
60 g	romano ou parmesan râpé	2 oz
	sel, poivre et paprika	

1 Dans un bol, mélanger le bœuf, l'œuf, l'oignon et le persil. Saler, poivrer et saupoudrer de paprika. Mélanger de nouveau, puis former des boulettes.

2 Dans une poêle, faire chauffer l'huile d'olive à feu moyen et y faire brunir les boulettes de viande sur tous les côtés 6 minutes.

3 Ajouter le poivron et poursuivre la cuisson 3 minutes.

4 Incorporer la sauce tomate ; saler et poivrer. Laisser mijoter 8 minutes à feux doux.

5 Servir les pâtes dans les assiettes. Répartir les boulettes et napper de sauce.

6 Accompagner de fromage râpé au moment de servir.

Spaghettis, sauce à la viande et au vin blanc

4 portions

30 ml	huile d'olive	2 c. à soupe
I	gousse d'ail, pelée et hachée	I
I	oignon, haché	I
I	branche de céleri, en dés	I
500 g	boeuf haché maigre	I lb
250 ml	vin blanc sec	I tasse
625 ml	sauce tomate	2 1/2 tasses
2 ml	basilic	1/2 c. à thé
2 ml	thym	1/2 c. à thé
15 ml	persil haché	I c. à soupe
4	portions de spaghettis cuits, chauds	4
	sel et poivre	

1 Dans une poêle, faire chauffer l'huile d'olive à feu moyen et y faire cuire l'ail, l'oignon et le céleri 3 minutes.

2 Ajouter la viande; saler et poivrer. Mélanger et poursuivre la cuisson 4 minutes, en remuant de temps à autre.

3 Verser le vin et faire cuire 4 minutes.

4 Incorporer la sauce tomate, le basilic, le thym et le persil. Mélanger et faire cuire 6 minutes à feu doux.

5 Servir la sauce sur les pâtes chaudes.

VEAU
Tomates farcies au four
4 portions

2	tranches de pain blanc, écroûtées	2
75 ml	lait	5 c. à soupe
4	tomates de taille moyenne	4
30 ml	huile d'olive	2 c. à soupe
250 g	veau haché maigre	1/2 lb
2	échalotes sèches, pelées et finement hachées	2
2	gousses d'ail, pelées et hachées	2
20	têtes de champignons, nettoyées et hachées	20
15 ml	persil haché	1 c. à soupe
15 ml	poivron vert haché	1 c. à soupe
2 ml	origan	1/2 c. à thé
2 ml	thym	1/2 c. à thé
60 ml	parmesan râpé	4 c. à soupe
	sel et poivre	

1 Faire tremper le pain dans le lait 15 minutes.

2 Préchauffer le four à 180 °C (350 °F).

3 Pour chaque tomate, retirer le pédoncule et découper une tranche à la base. Enlever les 3/4 de la pulpe avec une petite cuillère, sans percer la peau. Saler et poivrer l'intérieur des tomates. Hacher la pulpe.

4 Dans une poêle, faire chauffer l'huile d'olive à feu vif et y faire cuire le veau haché, les échalotes, l'ail, les champignons, le persil et le poivron 5 minutes.

5 Ajouter la pulpe de tomate hachée. Saler et poivrer. Ajouter l'origan et le thym, mélanger et poursuivre la cuisson 4 minutes.

6 Presser le pain pour en extraire le lait. Incorporer le pain à la poêle. Faire cuire 2 minutes, en remuant.

7 Farcir les tomates, puis les placer dans un moule à muffins. Faire cuire au four 15 minutes.

8 Saupoudrer les tomates de parmesan et poursuivre la cuisson au four, 5 minutes.

Crêpes au veau et à la sauce Mornay

4 portions

30 ml	beurre	2 c. à soupe
1	oignon, haché	1
1/2	branche de céleri	1/2
210 g	champignons, en quartiers	7 oz
15 ml	basilic frais haché	1 c. à soupe
15 ml	persil frais haché	1 c. à soupe
375 g	veau haché maigre	3/4 lb
	sel et poivre du moulin	
	sauce Mornay (voir p. 94)	
8	crêpes	8
175 ml	emmenthal râpé	3/4 tasse

1 Dans une poêle, faire fondre le beurre à feu moyen et y faire cuire l'oignon et le céleri de 3 à 4 minutes. Ajouter les champignons, le basilic et le persil. Poursuivre la cuisson 4 minutes.

2 Préchauffer le four à 200 °C (400 °F).

3 Ajouter le veau haché; saler et poivrer. Faire cuire 3 minutes à feu moyen-vif.

4 Incorporer 125 ml (1/2 tasse) de sauce Mornay pour lier les ingrédients. Laisser mijoter 2 minutes, puis retirer la poêle du feu.

5 Farcir les crêpes de préparation, les rouler et les déposer dans un plat allant au four.

6 Napper du reste de la sauce Mornay, parsemer d'emmenthal et faire cuire au four de 5 à 6 minutes.

Boulettes aux champignons

4 portions

5 ml	beurre	1 c. à thé
250 ml	champignons hachés	1 tasse
250 ml	épinards frais, lavés, essorés et hachés	1 tasse
750 g	veau haché maigre	1 1/2 lb
1	œuf	1
8	craquelins de blé entier, émiettés	8
	une pincée de sauge moulue	
	poivre	
1	sachet pour sauce à ragoût, préparée	1
125 ml	babeurre ou crème à 10 %	1/2 tasse
1	feuille de laurier	1

1 Dans une poêle, faire fondre le beurre à feu moyen-vif et y faire revenir les champignons jusqu'à ce que le liquide soit complètement évaporé.

2 Ajouter les épinards, mélanger et retirer la poêle du feu. Laisser refroidir.

3 Dans un bol, mélanger le veau, l'œuf, les craquelins, les champignons avec les épinards, la sauge et du poivre.

4 Former des boulettes d'environ 2,5 cm (1 po) de diamètre, puis les faire dorer dans la poêle à feu moyen-vif.

5 Ajouter la sauce à ragoût, le babeurre et le laurier. Laisser mijoter à feu doux de 25 à 30 minutes.

6 Accompagner de riz au curcuma et de haricots verts, si désiré.

Boulettes de veau
4 portions

2	tranches de bacon, en morceaux	2
1	oignon, haché finement	1
1	gousse d'ail, hachée	1
50 ml	pignons	1/4 tasse
500 g	veau haché maigre	1 lb
15 ml	herbes de Provence	1 c. à soupe
1	œuf	1
125 ml	chapelure assaisonnée	1/2 tasse
250 ml	parmesan râpé	1 tasse
	sel et poivre du moulin	
	huile végétale	
125 ml	bouillon de bœuf	1/2 tasse
125 ml	vin blanc	1/2 tasse
30 ml	persil frais haché	2 c. à soupe

1 Dans une poêle, faire cuire le bacon à feu moyen. Le retirer ensuite de la poêle. Dans le gras de bacon, faire cuire l'oignon et l'ail 5 minutes. Ajouter les pignons et les faire dorer 2 minutes.

2 Dans un bol, mélanger le bacon, l'oignon, l'ail, les pignons, le veau haché, les herbes de Provence, l'œuf, la chapelure et le parmesan. Saler et poivrer.

3 Former des boulettes de 2,5 cm (1 po) de diamètre. Les faire dorer dans le gras de bacon. Ajouter de l'huile végétale, s'il y a lieu.

4 Retirer ensuite le surplus de gras de la poêle. Verser le bouillon de bœuf et le vin blanc. Parsemer de persil. Faire réduire de 15 à 20 minutes, à découvert, jusqu'à ce que les boulettes soient bien cuites.

5 Accompagner de brocofleur et de patates douces en purée, si désiré.

Casserole de veau haché et de légumes
4 portions

15 ml	beurre	I c. à soupe
1/2	oignon, haché finement	1/2
500 g	veau haché maigre	1 lb
I	gousse d'ail, hachée	I
I	boîte de tomates de 540 ml (19 oz), hachées, avec le jus	I
1 litre	bouillon de bœuf	4 tasses
2 ml	thym séché	1/2 c. à thé
500 ml	légumes au choix, en petits morceaux	2 tasses
	persil frais haché	
	poivre	
	gruyère râpé (facultatif)	

1 Dans une casserole, faire fondre le beurre à feu moyen-vif et y faire revenir l'oignon, le veau et l'ail de 4 à 5 minutes, ou jusqu'à ce que la viande soit colorée.

2 Incorporer les tomates et leur jus, le bouillon de bœuf et le thym. Porter à ébullition, couvrir partiellement et laisser mijoter 30 minutes à feu doux.

3 Ajouter les légumes au choix et le persil ; poivrer. Poursuivre la cuisson de 20 à 30 minutes, à feu doux.

4 Parsemer de gruyère râpé, si désiré, juste avant de servir.

Croquettes de veau au fromage

4 portions

45 ml	beurre	3 c. à soupe
750 g	veau haché maigre	1 1/2 lb
3	champignons, hachés finement	3
2	échalotes sèches, hachées finement	2
45 ml	farine	3 c. à soupe
250 ml	crème épaisse	1 tasse
125 ml	bouillon de poulet	1/2 tasse
1 ml	sauge hachée	1/4 c. à thé
	sel et poivre	
180 g	cheddar	6 oz
	huile d'arachide	
50 ml	farine	1/4 tasse
2	œufs, battus	2
500 ml	chapelure assaisonnée	2 tasses

1 Dans une poêle, faire fondre la moitié du beurre à feu moyen-vif et y faire revenir le veau jusqu'à ce qu'il perde sa couleur rosée. Retirer la viande de la poêle.

2 Dans la même poêle, faire fondre le reste du beurre à feu moyen ; y faire cuire les champignons et les échalotes 3 minutes. Saupoudrer de 45 ml (3 c. à soupe) de farine, mélanger et faire cuire 2 minutes.

3 Incorporer peu à peu la crème, puis le bouillon de poulet, tout en remuant. Ajouter la sauge, puis saler et poivrer. Laisser mijoter quelques minutes ou jusqu'à ce que la préparation ait épaissi. Mélanger avec la viande hachée cuite et laisser refroidir.

4 Couper le morceau de fromage en 6 bâtonnets. Les envelopper de préparation à la viande et les congeler 30 minutes pour en faciliter la manipulation.

5 Verser de l'huile d'arachide dans une friteuse et la préchauffer à 190 °C (375 °F).

6 Enrober les croquettes de farine, puis les passer dans les œufs battus et ensuite dans la chapelure. Les faire dorer dans la friteuse.

7 Accompagner de pois mange-tout et de carottes, si désiré.

Croquettes de veau au cari

4 portions

30 ml	beurre	2 c. à soupe
1	oignon, haché finement	1
500 g	veau haché maigre	1 lb
	sel et poivre	
15 ml	poudre de cari	1 c. à soupe
375 ml	sauce béchamel (voir p. 94)	1 1/2 tasse
2	jaunes d'œufs	2
	huile d'arachide	
250 ml	farine	1 tasse
2	œufs battus	2
375 ml	chapelure assaisonnée	1 1/2 tasse

1 Dans une poêle, faire fondre le beurre à feu moyen et y faire cuire l'oignon de 4 à 5 minutes à feu doux.

2 Ajouter le veau, saler, poivrer et parsemer de poudre de cari. Mélanger et faire cuire de 7 à 8 minutes à feu moyen-vif en remuant de temps à autre.

3 Dès que la viande est cuite, verser la sauce béchamel. Faire cuire 2 minutes à feu moyen-vif. Retirer la poêle du feu. Incorporer les jaunes d'œufs, puis faire cuire 2 minutes à feu moyen, sans cesser de remuer.

4 Transférer la préparation dans une grande assiette. Aplatir avec une spatule de bois et laisser refroidir 30 minutes. Couvrir d'une pellicule de plastique et réfrigérer 4 h.

5 Former des croquettes cylindriques avec la préparation à la viande refroidie. Les congeler 30 minutes pour en faciliter la manipulation.

6 Verser de l'huile d'arachide dans une friteuse et la préchauffer à 190 °C (375 °F).

7 Enrober les croquettes de farine, puis les passer dans les œufs battus et ensuite dans la chapelure. Les faire dorer dans la friteuse.

Empanadas
4 portions

1 litre	farine	4 tasses
	une pincée de sel	
2 ml	levure sèche active	1/2 c. à thé
150 ml	lait tiède	2/3 tasse
2	œufs	2
175 ml	beurre ramolli	3/4 tasse
FARCE		
250 g	veau haché maigre	1/2 lb
2	oignons, hachés finement	2
1	gousse d'ail, hachée	1
1/2	piment fort, haché finement	1/2
15 ml	huile végétale	1 c. à soupe
2	œufs durs, hachés	2
8	olives vertes, dénoyautées	8
60 g	raisins secs, sultanas ou de Corinthe	2 oz
	paprika	
	marjolaine	
1	œuf, battu	1

1 Pour préparer la pâte, mélanger la farine, le sel et la levure dans un bol. Creuser un puits au milieu de la farine et y verser le lait et les œufs. Bien mélanger. Incorporer le beurre ramolli et pétrir pour obtenir une pâte lisse. Couvrir et laisser reposer environ 2 h.

2 Pour préparer la farce, mélanger dans un bol le veau, les oignons, l'ail et le piment fort.

3 Dans une poêle, faire chauffer l'huile végétale et y faire cuire la farce. Laisser refroidir. Incorporer ensuite les œufs durs, les olives, les raisins secs, le paprika et la marjolaine.

4 Préchauffer le four à 180 °C (350 °F).

5 Abaisser la pâte et la découper en 4 cercles. Garnir de farce la moitié de chacun des cercles de pâte. Badigeonner les contours d'œuf battu. Replier la pâte sur la garniture pour former des chaussons.

6 Faire cuire au four 20 minutes. Servir chaud.

Hamburgers méditerranéens
4 portions

1	œuf	1
2 ml	poudre de cari	1/2 c. à thé
2 ml	cumin moulu	1/2 c. à thé
1 ml	poivre de Cayenne	1/4 c. à thé
1	gousse d'ail, hachée finement	1
500 g	veau haché, maigre	1 lb
250 ml	chapelure	1 tasse
4	olives vertes, dénoyautées, hachées finement	4
2	pains pitas, tranchés en deux	2
	feuilles de laitue	
	olives vertes dénoyautées et tranchées	
	yogourt nature	

1 Dans un bol, battre l'œuf, puis incorporer le cari, le cumin, le poivre de Cayenne et l'ail.

2 Ajouter ensuite le veau, la chapelure et les olives vertes. Former 4 galettes.

3 Huiler la grille du barbecue et le préchauffer à intensité élevée.

4 Faire cuire les galettes sur la grille chaude du barbecue de 5 à 6 minutes de chaque côté.

5 Pendant ce temps, envelopper les pains pitas dans du papier d'aluminium et faire chauffer sur le gril quelques minutes.

6 Garnir chaque demi-pita d'une galette de viande, de laitue, d'olives vertes et de yogourt.

Lasagne au veau
4 à 6 portions

15 ml	huile d'olive	1 c. à soupe
1	oignon, en dés	1
1	poivron vert, en dés	1
1	poivron jaune, en dés	1
1	branche de céleri, en dés	1
1	courgette, en dés	1
5 ml	beurre	1 c. à thé
500 g	veau maigre haché	1 lb
1 litre	sauce béchamel, chaude (voir p. 94)	4 tasses
240 g	mozzarella râpée	8 oz
	une pincée de clou de girofle	
	sel, poivre et paprika	
	lasagne, cuites	

1 Dans une poêle, faire chauffer l'huile d'olive à feu moyen et y faire cuire l'oignon, les poivrons, le céleri et la courgette de 8 à 10 minutes, à feu doux. Saler et poivrer.

2 Dans une autre poêle, faire fondre le beurre et y faire brunir le veau haché. Égoutter la viande et l'incorporer aux légumes.

3 Ajouter le clou de girofle, du sel, du poivre et du paprika. Verser 250 ml (1 tasse) de sauce béchamel et laisser mijoter de 3 à 4 minutes à feu doux.

4 Préchauffer le four à 190 °C (375 °F).

5 Beurrer un plat à lasagne. Tapisser le fond d'une couche de lasagne. Recouvrir d'une couche de préparation à la viande. Parsemer d'une couche de fromage. Napper de 250 ml (1 tasse) de sauce béchamel. Répéter ces couches et terminer par des lasagnes. Napper de sauce béchamel. Parsemer du reste de fromage. Poivrer.

6 Faire cuire au four de 20 à 30 minutes.

Pain de viande au céleri
6 à 8 portions

15 ml	beurre	1 c. à soupe
1	oignon, haché	1
2	gousses d'ail, hachées	2
15 ml	persil frais haché	1 c. à soupe
2	oignons verts, tranchés	2
1 kg	veau haché maigre	2 lb
50 ml	crème à 35 %	1/4 tasse
1	jaune d'œuf	1
3	tranches de pain, sans croûte	3
125 ml	lait	1/2 tasse
2 ml	graines de carvi	1/2 c. à thé
2 ml	sarriette séchée	1/2 c. à thé
1 ml	muscade moulue	1/4 c. à thé
1 ml	thym séché	1/4 c. à thé
	une pincée de piments forts broyés	
	sel, poivre et paprika	
1	blanc d'œuf, légèrement battu	1
3	branches de céleri	3
3	feuilles de laurier	3

1 Dans une poêle, faire fondre le beurre à feu doux et y faire cuire l'oignon, l'ail, le persil, les oignons verts de 3 à 4 minutes.

2 Dans un grand bol, mettre le veau. Y verser le contenu de la poêle et mélanger. Incorporer la crème et le jaune d'œuf.

3 Faire tremper les tranches de pain dans le lait pendant quelques minutes. Les presser ensuite pour en retirer le surplus de liquide. Incorporer le pain à la préparation à la viande.

4 Ajouter tous les assaisonnements ainsi que le blanc d'œuf; mélanger.

5 Préchauffer le four à 180 °C (350 °F).

6 Tasser la moitié de la préparation dans un moule rectangulaire. Placer les branches de céleri sur le dessus, puis couvrir du reste de la préparation. Garnir de feuilles de laurier, puis couvrir de papier d'aluminium. Le perforer pour permettre à la vapeur de s'échapper.

7 Placer le moule dans un plat allant au four et ajouter 2,5 cm (1 po) d'eau chaude. Faire cuire 1 h 15. Retirer le papier d'aluminium à mi-cuisson.

PORC
Boulettes de porc grillées
6 portions

125 ml	mie de pain	1/2 tasse
750 g	porc maigre haché	1 1/2 lb
1	oignon, haché et cuit	1
15 ml	persil frais haché	1 c. à soupe
15 ml	menthe fraîche hachée	1 c. à soupe
1 ml	piment de la Jamaïque	1/4 c. à thé
1 ml	poudre de chili	1/4 c. à thé
1	œuf	1
45 ml	huile d'olive	3 c. à soupe
2	gousses d'ail, hachées	2
	jus de 1 citron	
	sel et poivre	

1 Huiler la grille du barbecue et le préchauffer à faible intensité.

2 Au robot culinaire, mélanger la mie de pain, le porc, l'oignon, le persil, la menthe, le piment de la Jamaïque, le chili et l'œuf.

3 Former de petites boulettes et enfiler sur des brochettes.

4 Dans un bol, mélanger l'huile d'olive, l'ail, le jus de citron, du sel et du poivre. En badigeonner les brochettes et les faire cuire sur la grille chaude du barbecue, partiellement couvert, pendant 8 minutes. Retourner la viande plusieurs fois et la badigeonner souvent de marinade.

5 Servir avec du riz au curcuma, si désiré.

Cigares au chou
4 portions

375 ml	eau	1 1/2 tasse
	une pincée de sel	
125 ml	riz brun à grains longs	1/2 tasse
15 ml	huile d'olive	1 c. à soupe
500 g	porc haché	1 lb
1	oignon, haché	1
1	carotte, râpée	1
4	champignons, hachés	4
4	oeufs, battus	4
30 ml	parmesan râpé	2 c. à soupe
	tabasco	
	sel et poivre	
8	grandes feuilles de chou	8
50 ml	bouillon de poulet	1/4 tasse
30 ml	sauce tamarin	2 c. à soupe

1 Dans une casserole, porter l'eau et le sel à ébullition. Y faire cuire le riz 35 minutes ou jusqu'à ce qu'il soit tendre ou que le liquide soit absorbé.

2 Dans une poêle, faire chauffer l'huile d'olive à feu moyen-vif et y faire revenir le porc haché, l'oignon, la carotte et les champignons jusqu'à ce qu'ils soient tendres.

3 Incorporer le riz cuit et les œufs battus. Ajouter le parmesan, assaisonner de tabasco, de sel et de poivre. Couvrir et réserver.

4 Préchauffer le four à 150 °C (300 °F).

5 Dans une autre casserole remplie d'eau bouillante, blanchir les feuilles de chou jusqu'à ce qu'elles s'assouplissent. Les retirer et les étaler sur une surface de travail, le côté bombé vers le bas. Garnir les feuilles de chou de la farce au riz, puis les rouler en repliant les extrémités afin de bien emprisonner la farce.

6 Disposer les rouleaux dans un plat allant au four, le côté replié vers le bas. Mélanger le bouillon de poulet et la sauce tamarin, puis en verser sur les rouleaux. Faire cuire au four environ 30 minutes, ou jusqu'à ce que les rouleaux soient tendres.

Filets de porc farcis aux pommes

4 portions

15 ml	huile d'olive	1 c. à soupe
1	petit oignon, haché	1
2	oignons verts, hachés	2
1/2	poivron jaune, haché	1/2
125 g	porc maigre haché	1/4 lb
	aromates épicés (voir p. 94)	
1	pomme, pelée, évidée et hachée	1
30 ml	miel	2 c. à soupe
3	tranches de pain blanc, écroûtées, trempées dans du lait	3
2	filets de porc, dégraissés	2
15 ml	huile végétale	1 c. à soupe
375 ml	bouillon de poulet, chaud	1 1/2 tasse
5 ml	fécule de mais	1 c. à thé
30 ml	eau froide	2 c. à soupe
15 ml	persil haché	1 c. à soupe

1 Dans une poêle, faire chauffer l'huile d'olive à feu moyen et y faire cuire l'oignon, les oignons verts et le poivron 4 minutes. Ajouter la viande hachée et la moitié des aromates épicés. Mélanger et faire cuire 5 minutes à feu doux. Incorporer la pomme et le miel ; poursuivre la cuisson 5 minutes.

2 Presser le pain pour en extraire le lait. Ajouter le pain au mélange à la pomme. Mélanger et faire cuire 2 minutes.

3 Préchauffer le four à 180 °C (350 °F).

4 Couper chaque filet de porc en deux, en long, et les aplatir au maillet. Les farcir de la farce, les rouler et les ficeler.

5 Dans un poêle, faire chauffer l'huile végétale à feu moyen et y saisir les filets farcis sur tous les côtés. Saupoudrer du reste des aromates épicés. Faire cuire au four de 25 à 30 minutes. Retirer les filets du four et les disposer dans un plat de service chaud.

6 Dans la poêle chaude, faire chauffer le bouillon de poulet à feu vif 3 minutes. Dans un bol, diluer la fécule de mais dans l'eau froide. Verser dans la poêle, remuer et faire épaissir. Servir la sauce avec les filets farcis. Parsemer de persil.

Escalopes farcies à la saucisse

4 portions

30 ml	beurre	2 c. à soupe
12	champignons, hachés	12
2	échalotes sèches, hachées	2
15 ml	persil frais haché	1 c. à soupe
250 ml	chair de saucisses de porc, hachée	1 tasse
50 ml	crème à 35 %	1/4 tasse
	sel et poivre	
4	grandes escalopes de veau	4

1 Dans une poêle, faire fondre 15 ml (1 c. à soupe) de beurre à feu moyen et y faire cuire les champignons, les échalotes et le persil 3 minutes. Incorporer la chair de saucisse. Réduire le feu à doux et poursuivre la cuisson de 4 à 5 minutes.

2 Verser la crème, remuer et faire cuire de 3 à 4 minutes à feu vif pour qu'elle réduise. Saler et poivrer. Au robot culinaire, réduire la préparation en purée. Laisser refroidir.

3 Préchauffer le four à 180 °C (350 °F).

4 Répartir la farce refroidie entre les escalopes de veau. Les rouler sur elles-mêmes de façon à emprisonner la farce. Faire tenir avec de la ficelle.

5 Dans une poêle propre, faire chauffer le reste du beurre à feu moyen-vif et y saisir les rouleaux sur toutes leurs faces de 2 à 3 minutes.

6 Transférer dans un plat allant au four. Couvrir et faire cuire au four de 10 à 12 minutes.

7 Accompagner de haricots verts et de carottes, si désiré.

Muffins au jambon
12 muffins

1	œuf, battu	1
175 ml	chapelure	3/4 tasse
750 g	jambon cuit, haché	1 1/2 lb
1	branche de céleri, hachée finement	1
1	oignon, haché	1
125 ml	lait écrémé	1/2 tasse
15 ml	moutarde forte	1 c. à soupe
30 ml	persil frais haché	2 c. à soupe
15 ml	beurre fondu	1 c. à soupe

1 Préchauffer le four à 180 °C (350 °F).

2 Dans un grand bol, bien mélanger tous les ingrédients, sauf le beurre fondu.

3 Enduire 12 moules à muffins de beurre fondu.

4 À la cuillère, répartir la préparation entre les moules. Faire cuire au four 30 minutes, ou jusqu'à ce que les muffins soient bien dorés.

5 Les laisser refroidir avant de les démouler.

Pitas au jambon
4 portions

500 g	jambon cuit, haché	1 lb
50 ml	cornichons aigres-doux, hachés	1/4 tasse
50 ml	lait écrémé	1/4 tasse
375 ml	chapelure	1 1/2 tasse
1	œuf	1
15 ml	huile végétale	1 c. à soupe
2	pains pitas	2
1	tomate, en tranches	1
1/2	concombre, en fines rondelles	1/2
	feuilles de laitue	

1 Dans un bol, mélanger le jambon, les cornichons, le lait, la chapelure et l'œuf.

2 Former 4 galettes (ou 12 à 16 boulettes, au choix).

3 Dans une poêle, faire chauffer l'huile végétale à feu moyen-vif et y faire revenir les galettes des deux côtés jusqu'à ce que la surface soit dorée et croustillante.

4 Ouvrir les pains, les farcir d'une ou plusieurs galettes au jambon, de tomate, de concombre et de laitue.

Note : le jambon se hache facilement au robot culinaire ou au mélangeur.

Rouleaux de veau au jambon

6 portions

50 ml	chapelure	1/4 tasse
500 ml	jambon haché	2 tasses
5 ml	zeste de citron	1 c. à thé
30 ml	persil frais haché	2 c. à soupe
15 ml	sauge fraîche hachée	1 c. à soupe
	sel et poivre	
1	œuf	1
6	grandes escalopes de veau	6
30 ml	beurre	2 c. à soupe
500 ml	sauce tomate	2 tasses

1 Dans un bol, mélanger la chapelure, le jambon, le zeste de citron, le persil, la sauge, du sel, du poivre et l'œuf.

2 Étaler cette préparation sur les escalopes et les rouler sur elles-mêmes. Tenir fermé avec des cure-dents.

3 Dans une poêle, faire fondre le beurre à feu moyen et y faire cuire les rouleaux de 4 à 5 minutes.

4 Dans une petite casserole, faire chauffer la sauce tomate et la servir avec les rouleaux.

5 Accompagner de cresson, si désiré.

POULET

Bouchées poulet-cantaloup
48 boulettes

500 g	poulet haché, cru	1 lb
2	œufs, battus	2
125 ml	chapelure	1/2 tasse
30 ml	parmesan râpé	2 c. à soupe
15 ml	persil séché	1 c. à soupe
10 ml	basilic séché	2 c. à thé
10 ml	origan séché	2 c. à thé
2 ml	poudre d'ail	1/2 c. à thé
	sel et poivre	
	huile d'arachide	
	cantaloup, en cubes	

1 Bien mélanger tous les ingrédients, sauf l'huile d'arachide et le cantaloup, puis façonner en boulettes de 2,5 cm (1 po) de diamètre.

2 Dans une poêle, faire chauffer 3 mm (1/8 po) d'huile. À feu moyen, y faire revenir les boulettes par petites quantités, environ 5 minutes de chaque côté, ou jusqu'à ce qu'elles soient dorées et cuites.

3 Retirer les boulettes avec une écumoire et les déposer sur du papier absorbant. Les garder au chaud jusqu'à ce qu'elles soient toutes cuites. Les piquer avec des cure-dents à cocktail, ajouter des cubes de cantaloup et servir aussitôt.

Artichauts farcis au poulet

6 portions en entrée

6	gros artichauts frais	6
1/2	citron	1/2
30 ml	beurre	2 c. à soupe
500 g	poulet haché, cru	1 lb
2	échalotes sèches, hachées	2
1	poivron vert, haché	1
1/2	blanc de poireau, tranché finement	1/2
2	tomates, pelées et concassées	2
250 ml	sauce tomate	1 tasse
2	gousses d'ail, hachées finement	2
75 ml	basilic frais haché finement	1/3 tasse
	sel et poivre	

1 Couper la partie supérieure des artichauts au quart, y compris le bout des feuilles. Enlever toute feuille décolorée. Couper la base des artichauts pour qu'ils soient stables. Badigeonner de citron les surfaces coupées.

2 Faire cuire les artichauts dans de l'eau bouillante salée, environ 35 minutes, ou jusqu'à ce que les feuilles se détachent facilement.

3 Dans une poêle, faire fondre le beurre à feu moyen-vif et faire revenir le poulet haché 4 minutes, ou jusqu'à ce que la chair ne soit plus rosée.

4 Ajouter les échalotes ; faire cuire 1 minute. Ajouter le poivron et le poireau, puis poursuivre la cuisson 4 minutes. Incorporer les tomates, la sauce tomate et l'ail ; saler et poivrer. Poursuivre la cuisson à feu doux 10 minutes. Incorporer le basilic et faire cuire 2 minutes, en remuant.

5 Retirer les artichauts de l'eau bouillante, les égoutter la tête en bas. Les remettre à l'endroit, puis les ouvrir en dégageant les feuilles du centre. Avec une cuillère, retirer le cône rosâtre et le foin.

6 Remplir la cavité des artichauts de la préparation au poulet et servir.

Note : on peut remplacer les artichauts par des poivrons ou des tomates.

Cretons à l'ancienne
1 litre (4 tasses)

500 g	poulet haché, cru	1 lb
250 ml	mie de pain coupée en dés	1 tasse
250 ml	lait	1 tasse
375 ml	bouillon de poulet	1 1/2 tasse
1	oignon, haché	1
1	gousse d'ail, pelée et hachée	1
10 ml	moutarde en poudre	2 c. à thé
5 ml	sel	1 c. à thé
5 ml	persil séché	1 c. à thé
5 ml	pâte de tomates	1 c. à thé
	une pincée de thym	
	une pincée de clou de girofle	

1 Dans une casserole, mélanger tous les ingrédients, puis porter à ébullition en remuant sans arrêt. Réduire le feu à doux et laisser cuire 1 h 30, ou jusqu'à ce que le bouillon soit complètement évaporé.

2 Tasser la préparation dans des petits ramequins ou dans un grand plat. Réfrigérer. Servir sur du pain frais ou sur des biscottes.

Baluchons de poulet et de fromage

6 portions en entrée

I	blanc de poireau, en fine julienne	I
375 g	poulet haché, cru	3/4 lb
I	échalote sèche, hachée finement	I
50 ml	fenouil haché	1/4 tasse
I	gousse d'ail, pelée et hachée	I
180 g	fromage brie sans croûte, en morceaux	6 oz
8	feuilles de menthe hachées ou 5 ml (1 c. à thé) de menthe séchée	8
125 ml	beurre fondu	1/2 tasse
9	feuilles de pâte filo	9
	sel et poivre	

1 Préchauffer le four à 200 °C (400 °F).

2 À la vapeur, faire cuire la julienne de poireau 10 minutes. Égoutter.

3 Au mélangeur électrique ou au robot culinaire, mélanger le poireau, le poulet, l'échalote, le fenouil, l'ail, le brie et la menthe. Saler et poivrer.

4 À l'aide d'un pinceau, badigeonner de beurre fondu une feuille de pâte filo. Déposer une autre feuille de pâte sur la première, la badigeonner de beurre et couvrir d'une troisième feuille.

5 Découper les 3 feuilles superposées en 4 et, au centre de chacune des sections de pâte, déposer 50 ml (1/4 tasse) du mélange au poulet. Replier ensuite la pâte pour former un petit baluchon, puis badigeonner de beurre.

6 Avec le reste des feuilles de pâte filo et de la préparation au poulet, répéter l'étape précédente pour former un total de 12 baluchons.

7 Déposer sur une plaque à pâtisserie beurrée et faire cuire au four de 20 à 25 minutes, ou jusqu'à ce que la pâte soit bien dorée.

Choux farcis de poulet

6 portions

1	chou de Savoie de taille moyenne	1
3	tranches de pain de blé entier, sans croûte	3
125 ml	lait	1/2 tasse
500 g	poulet haché, cru	1 lb
1	gousse d'ail, pelée et hachée	1
1	œuf	1
1	échalote sèche, hachée	1
5 ml	graines d'aneth concassées	1 c. à thé
3	champignons, hachés	3
	sel et poivre	

1 Préchauffer le four à 200 °C (400 °F).

2 Détacher 6 feuilles de chou et les faire blanchir dans de l'eau bouillante salée pendant 2 minutes. Égoutter. Retirer la côte centrale des feuilles.

3 Dans un bol, faire tremper le pain dans le lait 2 minutes de façon à le ramollir. Y ajouter le reste des ingrédients et mélanger.

4 Déposer environ 75 ml (1/3 tasse) de mélange au poulet sur chaque feuille et former des rouleaux.

5 Déposer les 6 rouleaux dans un plat allant au four. Ajouter 250 ml (1 tasse) d'eau chaude, couvrir et faire cuire au four 40 minutes.

6 Servir avec du ketchup aux tomates maison ou tout autre condiment de votre choix.

Ramequins au gratin

4 portions en entrée

4	tranches de tomate	4
125 ml	poulet haché cuit	1/2 tasse
2	oignons verts, hachés	2
5 ml	basilic ou estragon séché	1 c. à thé
50 ml	crème à 35 % ou crème sure	1/4 tasse
4	œufs	4
	fromage parmesan râpé	
	sel et poivre	

1 Préchauffer le four à 180 °C (350 °F).

2 Beurrer 4 ramequins ou un petit plat en pyrex, puis les saupoudrer de parmesan.

3 Répartir les tranches de tomate, le poulet et l'oignon vert entre les 4 ramequins. Saler, poivrer et parsemer de basilic. Garnir de crème.

4 Casser un œuf sur chaque préparation, puis saupoudrer de parmesan.

5 Faire cuire au four de 10 à 15 minutes, ou jusqu'à ce que les œufs soient cuits.

Bagels au poulet, sauce à l'avocat
4 portions

500 g	poulet haché, cru	1 lb
1	œuf	1
125 ml	chapelure	1/2 tasse
2 ml	origan séché	1/2 c. à thé
2 ml	paprika	1/2 c. à thé
2 ml	zeste de citron râpé	1/2 c. à thé
1	gousse d'ail, pelée et hachée	1
4	bagels, tranchés en 2	4
2	tomates, tranchées	2
250 ml	champignons tranchés	1 tasse
	laitue romaine	
	sel et poivre	
SAUCE A L'AVOCAT		
120 g	fromage à la crème	4 oz
2	avocats mûrs, pelés et dénoyautés	2
1	gousse d'ail, pelée et hachée finement	1
125 ml	yogourt nature	1/2 tasse
2 ml	sauce au piment tabasco (facultatif)	1/2 c. à thé
	jus de 1/2 citron	

1 Huiler la grille du barbecue et le préchauffer à intensité moyenne.

2 Mélanger le poulet, l'œuf, la chapelure, l'origan, le paprika, le zeste de citron et l'ail; saler et poivrer. Former 4 galettes d'environ 10 cm (4 po) de diamètre et 2 cm (3/4 po) d'épaisseur.

3 Faire cuire les galettes sur la grille chaude du barbecue, 5 minutes de chaque côté, ou jusqu'à ce qu'elles soient bien cuites.

4 Entre-temps, bien mélanger tous les ingrédients de la sauce au mélangeur électrique ou au robot culinaire.

5 Sur chaque demi-bagel, déposer des tranches de tomate, des champignons, puis une galette de poulet. Napper de sauce à l'avocat, garnir de laitue et couvrir d'un demi-bagel.

Burgers de poulet, sauce César

8 portions

1	gousse d'ail, tranché	1
30 ml	vinaigre de vin rouge	2 c. à soupe
15 ml	câpres	1 c. à soupe
15 ml	jus de citron	1 c. à soupe
15 ml	moutarde forte	1 c. à soupe
30 ml	huile végétale	2 c. à soupe
15 ml	eau	1 c. à soupe
50 ml	mayonnaise	1/4 tasse
45 ml	parmesan râpé	3 c. à soupe
5 ml	sauce Worcestershire	1 c. à thé
30 ml	bacon cuit, émietté	2 c. à soupe
	poivre	
8	galettes de poulet, non panées	8
8	pains à hamburgers	8
8	feuilles de laitue romaine, hachées grossièrement	8
8	tranches de tomate	8
	bacon cuit, émietté (facultatif)	

1 Dans un bol, mélanger les 12 premiers ingrédients. Couvrir et réfrigérer.

2 Huiler la grille du barbecue et le préchauffer à intensité moyenne.

3 Faire cuire les galettes de poulet sur le barbecue. Y faire griller aussi les pains.

4 Badigeonner chaque pain de sauce, puis garnir d'une galette de poulet, d'une feuille de laitue et d'une tranche de tomate. Parsemer de bacon, si désiré.

Sandwichs au poulet et au fromage bleu

4 portions

500 g	poulet haché, cru	1 lb
125 ml	chapelure	1/2 tasse
2	œufs, battus	2
30 ml	sauce chili	2 c. à soupe
30 ml	persil séché	2 c. à soupe
1	oignon, haché finement	1
2 ml	poivre de Cayenne	1/2 c. à thé
8	tranches de pain pumpernickel	8
2	tomates, tranchées	2
250 ml	épinards hachés finement	1 tasse
SAUCE AU FROMAGE BLEU		
175 ml	mayonnaise	3/4 tasse
1	oignon vert, haché	1
1	gousse d'ail, pelée et hachée	1
1 ml	poivre noir	1/4 c. à thé
30 ml	lait écrémé	2 c. à soupe
90 g	fromage bleu	3 oz

1 Préchauffer le gril du four.

2 Dans un bol, bien mélanger le poulet, la chapelure, les oeufs, la sauce chili, le persil, l'oignon et le poivre de Cayenne. Former 4 galettes.

3 Les déposer dans une lèchefrite bien huilée, puis les faire cuire à 15 cm (6 po) du gril, environ 5 minutes de chaque côté.

4 Entre-temps, au mélangeur électrique ou au robot culinaire, mélanger tous les ingrédients de la sauce.

5 Sur 4 tranches de pain, déposer des tranches de tomate et une galette de poulet. Napper de sauce, garnir d'épinards, puis couvrir d'une tranche de pain.

Hamburgers au poulet
4 portions

500 g	poulet haché	1 lb
15 ml	eau	1 c. à soupe
45 ml	paprika	3 c. à soupe
45 ml	poudre de cari	3 c. à soupe
1 ml	poivre de Cayenne	1/4 c. à thé
2 ml	origan séché	1/2 c. à thé
2 ml	thym séché	1/2 c. à thé
	poivre du moulin	
4	tranches de gruyère	4

1 Dans un bol, arroser le poulet haché d'eau et mélanger délicatement. Former 4 galettes. L'eau permet aux galettes de ne pas se désagréger.

2 Dans un autre bol, mélanger le reste des ingrédients, sauf le gruyère. Enrober les galettes de ce mélange.

3 Huiler la grille du barbecue et le préchauffer à intensité moyenne.

4 Faire cuire les galettes sur la grille chaude du barbecue de 6 à 8 minutes de chaque côté.

5 Servir la viande sur un petit pain rond, garnir d'une tranche de gruyère et d'autres condiments au choix.

Hamburgers au poulet et au couscous
4 portions

75 ml	couscous	1/3 tasse
125 ml	eau bouillante	1/2 tasse
10 ml	huile végétale	2 c. à thé
1	petit piment rouge, haché	1
5 ml	thym séché	1 c. à thé
5 ml	poudre de cari	1 c. à thé
2 ml	cumin moulu	1/2 c. à thé
2 ml	gingembre	1/2 c. à thé
2 ml	piment de la Jamaïque	1/2 c. à thé
2 ml	sel	1/2 c. à thé
1 ml	poivre	1/4 c. à thé
1 ml	paprika	1/4 c. à thé
2	gousses d'ail, pelées et hachées	2
500 g	poulet haché, cru	1 lb
4	pains kaiser	4
4	tranches de tomate	4
175 ml	fromage mozzarella râpé	3/4 tasse
4	feuilles de laitue, en chiffonnade	4

1 Huiler la grille du barbecue et le préchauffer à intensité moyenne.

2 Dans un petit bol, mettre le couscous, verser l'eau bouillante et remuer avec une fourchette. Couvrir et laisser reposer 5 minutes.

3 Dans une poêle, faire chauffer l'huile végétale à feu moyen et y faire revenir le piment et les assaisonnements 2 minutes. Laisser refroidir.

4 Dans un bol de taille moyenne, mélanger le couscous, le mélange au piment, l'ail et le poulet. Former 4 galettes, puis les faire cuire sur le barbecue, 4 minutes de chaque côté.

5 Sur 4 demi-pains kaiser, déposer une tranche de tomate, puis une galette de poulet, du fromage et de la laitue. Couvrir d'un demi-pain.

Hamburgers de dindon au basilic
4 portions

1	œuf, battu	1
50 ml	chapelure	1/4 tasse
45 ml	bouillon de poulet ou eau	3 c. à soupe
30 ml	basilic frais haché	2 c. à soupe
30 ml	oignon vert haché	2 c. à soupe
30 ml	parmesan râpé	2 c. à soupe
15 ml	pignons ou amandes effilées	1 c. à soupe
	sel et poivre	
500 g	dindon haché cru	1 lb
4	pains kaisers ou pains à hamburgers	4

1 Dans un bol, mélanger tous les ingrédients, sauf le dindon. Ajouter ensuite la viande, mélanger et former 4 galettes.

2 Huiler la grille du barbecue et le préchauffer à intensité moyenne.

3 Faire cuire les galettes sur la grille chaude du barbecue 5 minutes. Retourner et poursuivre la cuisson 7 minutes.

4 Servir sur les pains légèrement grillés. Garnir de poivrons grillés, si désiré.

Croquettes de poulet au paprika
6 portions

750 g	poulet haché ou dinde	1 1/2 lb
375 ml	lait	1 1/2 tasse
150 ml	chapelure	2/3 tasse
5 ml	sel d'ail	1 c. à thé
1	œuf	1
	beurre	
250 ml	oignons hachés	1 tasse
15 ml	paprika	1 c. à soupe
10 ml	mélange pour bouillon de poulet	2 c. à thé
125 ml	eau	1/2 tasse
15 ml	farine	1 c. à soupe
125 ml	crème sure	1/2 tasse
	sel et poivre	

1 Dans un grand bol, bien mélanger le poulet, 125 ml (1/2 tasse) de lait, la chapelure, le sel d'ail et l'œuf ; former 6 croquettes.

2 Dans une poêle, faire fondre un peu de beurre. Y faire revenir les croquettes des deux côtés, jusqu'à ce qu'elles soient dorées ; ajouter du beurre au besoin. Retirer les croquettes.

3 Dans la même poêle, faire fondre encore un peu de beurre et y faire sauter les oignons jusqu'à ce qu'ils soient tendres. Incorporer le paprika et le mélange pour bouillon de poulet ; en remuant, ajouter l'eau. Remettre les croquettes dans la poêle. À feu moyen-vif, porter à ébullition. Réduire le feu, couvrir et laisser mijoter 10 minutes, ou jusqu'à ce que les croquettes soient cuites. Les retirer de la poêle et les garder au chaud.

4 Dans un bol, incorporer graduellement le reste du lait à la farine ; remuer jusqu'à ce que le mélange soit lisse. Verser dans la poêle. Faire cuire à feu moyen, en remuant sans cesse, jusqu'à ce que la sauce bouille et épaississe. Retirer du feu ; incorporer la crème sure. Saler et poivrer au goût. Verser sur les croquettes et servir.

Tartelettes au poulet, tomates séchées et fromage

24 tartelettes en entrée

500 g	poulet haché, cru	1 lb
50 ml	oignon haché finement	1/4 tasse
50 ml	poivron rouge haché finement	1/4 tasse
30 ml	tomates séchées hachées finement	2 c. à soupe
10 ml	basilic séché	2 c. à thé
500 ml	mozzarella râpé finement	2 tasses
24	abaisses de tartelettes	24

1 Préchauffer le four à 180 °C (350 °F).

2 Dans une poêle, faire cuire le poulet à feu moyen-vif en remuant, jusqu'à ce qu'il ne soit plus rosé. Ajouter l'oignon, le poivron, les tomates séchées et le basilic. Poursuivre la cuisson en remuant, jusqu'à ce que les oignons soient tendres.

3 Retirer du feu et laisser refroidir.

4 Incorporer le fromage au mélange au poulet refroidi, puis remplir les tartelettes.

5 Faire cuire au four de 20 à 25 minutes, ou jusqu'à ce que la pâte soit dorée et que la préparation bouillonne.

Poitrines farcies de légumes
6 portions

250 g	poulet haché cru	1/2 lb
30 ml	crème à 15 %	2 c. à soupe
1	échalote sèche, hachée finement	1
5 ml	persil frais haché	1 c. à thé
1	carotte, en julienne	1
1	courgette, en julienne	1
12	haricots verts	12
6	demi-poitrines ou 12 hauts de cuisse de poulet, désossés (environ 750 g/1 1/2 lb)	6
15 ml	huile végétale	1 c. à soupe
125 ml	vin blanc	1/2 tasse
250 ml	crème à 15 %	1 tasse
15 ml	persil frais haché	1 c. à soupe
15 ml	estragon frais haché	1 c. à soupe
15 ml	basilic frais haché	1 c. à soupe
1	gousse d'ail, pelée et hachée finement	1
	sel et poivre	

1 Dans un bol, mélanger les 4 premiers ingrédients; saler et poivrer. Réfrigérer 20 minutes.

2 Préchauffer le four à 180 °C (350 °F).

3 Faire blanchir les carottes, les courgettes et les haricots dans de l'eau bouillante 1 minute. Égoutter et rincer.

4 Étaler la farce au poulet réfrigérée sur chacune des demi-poitrines, à part égale, et garnir de légumes. Rouler les demi-poitrines pour bien envelopper la farce, puis les ficeler.

5 Dans une poêle, faire chauffer l'huile végétale à feu moyen-vif et y faire dorer les paupiettes.

6 Les déposer dans un plat allant au four et les faire cuire de 15 à 20 minutes, ou jusqu'à ce que le jus qui s'écoule de la viande soit clair. Sortir du four et couper les ficelles.

7 Entre-temps, dans la même poêle, verser le vin, puis faire réduire de moitié. Incorporer la crème, les fines herbes et l'ail. Saler et poivrer. Poursuivre la cuisson 3 minutes.

8 Trancher les paupiettes en deux et servir avec la sauce à la crème, des endives braisées et des choux de Bruxelles, si désiré.

Pommes de terre farcies au poulet

4 portions

4	pommes de terre cuites au four, chaudes	4
1	boîte de crème de poulet de 284 ml (10 oz)	1
125 ml	lait	1/2 tasse
500 ml	cheddar râpé	2 tasses
250 ml	brocoli cuit, haché	1 tasse
250 ml	poulet cuit, haché	1 tasse
	sel et poivre	
	cheddar, râpé	

1 Préchauffer le four à 180 °C (350 °F).

2 Couper les pommes de terre en deux dans le sens de la longueur. Avec une cuillère, les évider pour obtenir une coquille de 6 mm (1/4 po) d'épaisseur.

3 Dans une petite casserole, mélanger la crème de poulet et le lait ; ajouter le cheddar. Faire cuire à feu doux, en remuant sans cesse, jusqu'à ce que le fromage ait fondu.

4 Écraser grossièrement la chair des pommes de terre ; ajouter le brocoli et le poulet. Incorporer 250 ml (1 tasse) de sauce au fromage. Saler et poivrer.

5 Remplir de la préparation les coquilles de pommes de terre. Couvrir et faire cuire au four 15 minutes, ou jusqu'à ce que les pommes de terre soient bien chaudes. Répartir le reste de la sauce au fromage entre les portions ; parsemer de cheddar.

Lasagne au poulet
8 portions

500 g	poulet haché, cru	1 lb
2	oignons, hachés	2
2	gousses d'ail, pelées et hachées finement	2
10 ml	basilic séché	2 c. à thé
10 ml	origan séché	2 c. à thé
375 ml	champignons tranchés	1 1/2 tasse
1	boîte de pâte de tomates de 156 ml (5 1/2 oz)	1
1	boîte de sauce tomate de 510 ml (18 oz)	1
250 ml	eau	1 tasse
5 ml	sucre	1 c. à thé
500 g	fromage cottage	1 lb
2	œufs, battus	2
125 ml	fromage parmesan râpé	1/2 tasse
9	lasagnes prêtes à cuire au four	9
240 g	mozzarella en tranches	8 oz

1 Dans une grande poêle, faire cuire à feu moyen-vif, en remuant bien, le poulet haché, les oignons, l'ail, le basilic et l'origan, jusqu'à ce que la chair du poulet ne soit plus rosée.

2 Ajouter les champignons, la pâte de tomates, la sauce tomate, l'eau et le sucre. Saler et poivrer. Laisser mijoter 30 minutes.

3 Préchauffer le four à 180 °C (350 °F).

4 Dans un bol, mélanger le fromage cottage, les œufs battus et le fromage parmesan.

5 Dans un moule de 23 x 33 cm (9 x 13 po) allant au four, étaler le quart de la sauce à la viande. Couvrir de 3 lasagnes. Napper d'un quart de la sauce, garnir de la moitié du mélange au fromage et du tiers des tranches de mozzarella.

6 Couvrir de 3 autres lasagnes et répéter les couches de sauce et de mozzarella. Faire cuire 30 minutes, ou jusqu'à ce que les pâtes soient tendres et le fromage fondu.

AGNEAU
Hamburgers à l'agneau
4 portions

500 g	agneau haché maigre	1/2 lb
2	échalotes sèches, hachées finement	2
2	gousses d'ail, hachées finement	2
2 ml	sel de céleri	1/2 c. à thé
1	œuf	1
175 ml	chapelure	3/4 tasse

1 Préchauffer le four à 180 °C (350 °F).

2 Dans un bol, mélanger tous les ingrédients et former 4 galettes.

3 Les déposer sur une plaque à pâtisserie et les faire cuire au four 5 minutes de chaque côté – ou plus, selon le degré de cuisson désiré.

4 Servir sur des pains kaisers, avec des garnitures au choix.

Hamburgers à l'agneau et au tofu
4 à 6 portions

500 g	agneau haché maigre	1/2 lb
175 ml	tofu émietté	3/4 tasse
2	oignons verts, hachés	2
1	gousse d'ail, hachée	1
50 ml	germe de blé	1/4 tasse
2 ml	poudre de cari	1/2 c. à thé
	poivre du moulin	
	huile végétale	

1 Dans un bol, mélanger à la fourchette l'agneau et le tofu.

2 Ajouter le reste des ingrédients, sauf l'huile végétale. Bien mélanger et former 4 ou 6 galettes.

3 Dans une poêle, faire chauffer l'huile végétale à feu moyen-vif et y faire cuire les galettes 4 minutes de chaque côté – ou plus, selon le degré de cuisson désiré.

4 Servir sur des petits ronds grillés, avec des garnitures au choix.

Hamburgers farcis au fromage de chèvre

4 portions

750 g	agneau haché maigre	1 1/2 lb
90 ml	moutarde forte	6 c. à soupe
15 ml	thym	1 c. à soupe
15 ml	menthe fraîche hachée	1 c. à soupe
15 ml	persil frais haché	1 c. à soupe
1	gousse d'ail, hachée finement	1
1/2	petit oignon, haché finement	1/2
	poivre du moulin	
4	tranches de fromage de chèvre à pâte ferme	4
	huile végétale	

1 Dans un bol, mélanger tous les ingrédients, sauf le fromage et l'huile végétale.

2 Former 8 galettes minces. Déposer une tranche de fromage sur 4 galettes, puis les couvrir des 4 autres. Remodeler les galettes de façon à emprisonner le fromage à l'intérieur.

3 Huiler la grille du barbecue et le préchauffer à intensité moyenne.

4 Badigeonner les galettes d'huile végétale et les faire cuire sur le barbecue 4 minutes de chaque côté – ou plus, selon le degré de cuisson désiré.

5 Servir sur des petits pains ronds grillés, avec des garnitures au choix.

Sandwichs libanais

6 portions

500 g	agneau haché maigre	1 lb
2	gousses d'ail, hachées	2
10 ml	coriandre fraîche hachée	2 c. à thé
	sel et poivre	
30 ml	huile d'olive	2 c. à soupe
2	poivrons rouges, en lanières	2
3	oignons, tranchés	3
3	pains pitas	3
	sauce au concombre (voir p. 95)	

1 Dans un bol, mélanger l'agneau, l'ail et la coriandre. Saler et poivrer. Former des boulettes de 2,5 cm (1 po) de diamètre.

2 Dans une poêle, faire chauffer l'huile d'olive et faire dorer les boulettes 5 minutes. Ajouter les poivrons et les oignons et poursuivre la cuisson 5 minutes ou jusqu'à ce que les légumes soient tendres.

3 Ouvrir les pains pitas en deux. Les envelopper dans du papier absorbant et les réchauffer 20 secondes au micro-ondes.

4 Farcir les pains de boulettes d'agneau et de légumes. Servir avec la sauce au concombre.

Boulettes avec sauce à la coriandre

4 à 6 portions

175 ml	raisins secs	3/4 tasse
500 g	agneau haché maigre	1 lb
30 ml	pignons	2 c. à soupe
2	échalotes sèches, hachées finement	2
2	gousses d'ail, hachées finement	2
15 ml	pâte de tomates	1 c. à soupe
5 ml	garam masala	1 c. à thé
SAUCE A LA CORIANDRE		
175 ml	yogourt nature	3/4 tasse
1	gousse d'ail, hachée finement	1
45 ml	coriandre fraîche hachée	3 c. à soupe

1 Mettre les raisins secs dans un bol et couvrir d'eau. Faire tremper 15 minutes. Égoutter et hacher.

2 Préchauffer le four à 200 °C (400 °F).

3 Dans un bol, bien mélanger tous les ingrédients, sauf ceux de la sauce.

4 Former 24 boulettes et les déposer sur une plaque à pâtisserie non graissée. Les faire cuire 30 minutes, ou jusqu'à ce que la viande soit cuite.

5 Entre-temps, dans un bol, mélanger les ingrédients de la sauce et laisser reposer 30 minutes.

6 Servir les boulettes avec la sauce à la coriandre. Accompagner de crudités, si désiré.

Agneau satay à la noix de coco

4 à 6 portions

500 g	agneau haché maigre	I lb
15 ml	moutarde forte	I c. à soupe
45 ml	noix de coco râpée	3 c. à soupe
5 ml	cumin moulu	I c. à thé
5 ml	coriandre moulue	I c. à thé
45 ml	jus de citron	3 c. à soupe
	sel et poivre	

1 Faire tremper des brochettes de bambou dans l'eau pendant 30 minutes.

2 Préchauffer le gril du four.

3 Dans un bol, mélanger tous les ingrédients. Former des boulettes, en calculant 15 ml (1 c. à soupe) de préparation pour chacune. Enfiler 3 boulettes par brochette.

4 Faire griller les brochettes au four 3 minutes de chaque côté ou jusqu'à ce que la viande soit cuite.

5 Accompagner de riz, si désiré.

Agneau aux épinards en croûte

6 à 8 portions

45 ml	huile d'olive	3 c. à soupe
1	gros oignon espagnol, haché finement	1
2	gousses d'ail, hachées	2
375 g	agneau haché maigre	3/4 lb
500 ml	champignons portobellos, hachés	2 tasses
	sel et poivre	
30 ml	moutarde forte	2 c. à soupe
375 ml	épinards frais, hachés finement	1 1/2 tasse
175 ml	chapelure	3/4 tasse
6	feuilles de pâte phyllo	6

1 Dans une poêle, faire chauffer 30 ml (2 c. à soupe) d'huile d'olive et y faire cuire l'oignon, l'ail et l'agneau 5 minutes, ou jusqu'à ce que la viande soit brune.

2 Ajouter les champignons et faire cuire 4 minutes. Saler et poivrer.

3 Transférer la préparation dans un grand bol et y incorporer la moutarde, les épinards et la chapelure. Saler et poivrer.

4 Préchauffer le four à 180 °C (350 °F).

5 Mettre les feuilles de pâte phyllo sur un plan de travail et les couvrir d'un torchon de cuisine humide pour éviter qu'elles sèchent. Les badigeonner d'huile et les empiler les unes sur les autres. Répartir la préparation à l'agneau à environ 2,5 cm (1 po) du bord, sur le côté le plus étroit. Former un rouleau serré. Le placer sur une plaque à pâtisserie de façon à ce qu'il ne se déroule pas.

6 Badigeonner du reste de l'huile d'olive et faire cuire au four environ 40 minutes.

Agneau en croûte

4 portions

30 ml	beurre	2 c. à soupe
500 g	agneau haché mi-maigre	1 lb
1	oignon, haché	1
125 ml	riz non cuit	1/2 tasse
375 ml	bouillon de bœuf	1 1/2 tasse
	sel et poivre	
15 ml	herbes de Provence	1 c. à soupe
60 ml	persil frais haché	4 c. à soupe
1 ml	moutarde sèche	1/4 c. à thé
1	pain de campagne	1

1 Dans une casserole, faire fondre le beurre à feu moyen et y faire dorer l'agneau, l'oignon et le riz 5 minutes.

2 Verser le bouillon de bœuf, parsemer de sel, de poivre, d'herbes de Provence, de persil et de moutarde sèche. Porter à ébullition et laisser mijoter à feu doux 20 minutes, ou jusqu'à ce que le riz ait absorbé tout le liquide.

3 Préchauffer le four à 160 °C (325 °F).

4 Découper une calotte sur le dessus du pain. Retirer la mie de l'intérieur en veillant à laisser une épaisseur de 1,25 cm (1/2 po) sur les côtés.

5 Farcir le pain de la préparation à l'agneau. Refermer, puis envelopper dans une feuille de papier d'aluminium.

6 Faire cuire au four de 25 à 30 minutes.

7 Découper en pointes et servir avec de la sauce tomate, si désiré.

Cigares au chou à l'agneau
4 portions

8	feuilles de chou	8
500 g	agneau haché maigre	I lb
I	oignon, haché finement	I
2	gousses d'ail, hachées	2
5 ml	herbes de Provence	I c. à thé
50 ml	riz non cuit	I/4 tasse
	sel et poivre	
SAUCE		
30 ml	beurre	2 c. à soupe
15 ml	farine	I c. à soupe
250 ml	jus de légumes	I tasse
30 ml	pâte de tomates	2 c. à soupe
5 ml	thym	I c. à thé
	sel et poivre	

1 Dans une casserole remplie d'eau bouillante salée, blanchir les feuilles de chou 5 minutes. Égoutter.

2 Dans un bol, mélanger le reste des ingrédients, sauf ceux de la sauce.

3 Déposer 15 ml (I c. à soupe) de préparation sur chaque feuille de chou. Rouler.

4 Dans une autre casserole, préparer la sauce : faire fondre le beurre et saupoudrer de farine. Mélanger et faire cuire à feu moyen 2 minutes.

5 Incorporer peu à peu le jus de légumes tout en remuant, puis la pâte de tomates et le thym. Saler et poivrer.

6 Y déposer les cigares au chou, couvrir et faire cuire à feu doux pendant I h.

Galettes d'agneau avec purée d'aubergine

4 portions

1/2	aubergine, pelée, en dés	1/2
10 ml	cumin moulu	2 c. à thé
2 ml	poudre d'ail	1/2 c. à thé
	sel et poivre	
50 ml	crème sure	1/4 tasse
500 g	agneau haché maigre	1 lb
1	oignon, haché finement	1
2	gousses d'ail, hachées finement	2
1/2	poivron rouge, haché finement	1/2
175 ml	chapelure	3/4 tasse
1	œuf, battu	1
30 ml	huile d'olive	2 c. à soupe

1 Faire cuire les cubes d'aubergine à la vapeur. Réduire l'aubergine en purée, parsemer de cumin, de poudre d'ail, de sel et de poivre, puis transférer dans une petite casserole. Incorporer la crème sure et faire chauffer à feu doux. Ne pas faire bouillir.

2 Dans un bol, mélanger l'agneau, l'oignon, l'ail, le poivron, la chapelure et l'œuf. Saler et poivrer. Former 8 galettes d'une épaisseur de 2 cm (3/4 po).

3 Dans une poêle, faire chauffer l'huile d'olive à feu moyen et y faire cuire les galettes de 3 à 4 minutes de chaque côté – ou plus, selon le degré de cuisson désiré. Égoutter sur du papier absorbant.

4 Servir les galettes avec la purée d'aubergine.

Galettes d'agneau avec légumes

4 portions

500 g	agneau haché maigre	I lb
15 ml	persil frais haché	I c. à soupe
2 ml	poivre de Cayenne	1/2 c. à thé
5 ml	estragon séché	I c. à thé
I	gousse d'ail, hachée	I
	sel et poivre	
30 ml	huile d'olive	2 c. à soupe
1/2	courgette, en bâtonnets	1/2
12	pois mange-tout	12
12	haricots jaunes	12
1/2	poivron vert, en lanières	1/2
1/2	poivron rouge, en lanières	1/2
I	oignon bouilli, en quartiers	I
8	choux de Bruxelles, cuits	8

1 Dans un bol, mélanger les 5 premiers ingrédients. Saler et poivrer, puis former 4 galettes.

2 Dans une poêle, faire chauffer la moitié de l'huile d'olive à feu moyen et y faire cuire les galettes de 3 à 4 minutes de chaque côté – ou plus, selon le degré de cuisson désiré. Saler et poivrer. Retirer les galettes de la poêle et les tenir au chaud.

3 Faire chauffer le reste de l'huile d'olive à feu moyen et y faire cuire le reste des ingrédients, à couvert, pendant 4 minutes.

4 Servir l'agneau avec les légumes.

Moussaka

8 portions

1	recette de sauce Mornay (voir p. 94)	1
125 ml	blé concassé (boulghour)	1/2 tasse
30 ml	beurre	2 c. à soupe
2	oignons, hachés	2
3	gousses d'ail, hachées	3
500 g	agneau haché maigre	1 lb
1	boîte de tomates en dés de 796 ml (28 oz)	1
	sel et poivre	
15 ml	herbes de Provence	1 c. à soupe
5 ml	paprika	1 c. à thé
2	aubergines, chacune de 500 g (1 lb)	2
125 ml	beurre fondu	1/2 tasse
250 ml	emmenthal, râpé	1 tasse

1 Dans un bol, mettre le blé concassé et couvrir à peine d'eau. Laisser gonfler 20 minutes.

2 Dans une poêle, faire fondre 30 ml (2 c. à soupe) de beurre à feu moyen et y faire cuire les oignons et l'ail 5 minutes. Ajouter l'agneau haché et poursuivre la cuisson 5 minutes, ou jusqu'à ce que la viande perde sa couleur rosée.

3 Incorporer le blé concassé et les tomates, saler et poivrer. Parsemer d'herbes de Provence et de paprika. Laisser mijoter 10 minutes à feu doux.

4 Préchauffer le gril du four.

5 Couper les aubergines en tranches épaisses de 1,25 cm (1/2 po), les badigeonner de beurre fondu et les faire griller au four quelques minutes de chaque côté.

6 Préchauffer le four à 180 °C (350 °F).

7 Dans un plat rectangulaire allant au four, disposer en couches la moitié des aubergines, la moitié de la préparation à la viande et du fromage râpé, puis le reste des aubergines et de la préparation à la viande. Couvrir de sauce Mornay et parsemer du reste du fromage. Faire cuire au four 35 minutes.

BISON
Hamburgers de bison
8 portions

1 kg	viande de bison, hachée	2 lb
250 ml	chapelure	1 tasse
2	œufs	2
5 ml	sel	1 c. à thé
2 ml	poivre	1/2 c. à thé
15 ml	sauce Worcestershire	1 c. à soupe
5 ml	thym	1 c. à thé
2 ml	poivre de Cayenne	1/2 c. à thé

1 Dans un grand bol, mélanger tous les ingrédients. Façonner en galettes.

2 Huiler la grille du barbecue et le préchauffer à intensité moyenne.

3 Faire cuire les galettes environ 5 minutes de chaque côté, ou selon le degré de cuisson désiré.

4 Servir sur des pains kaiser, avec des condiments au choix.

Hamburgers steaks de bison

4 portions

750 g	bison haché	1 1/2 lb
1	œuf	1
1	gros oignon haché, cuit	1
2	gousses d'ail, pelées et hachées	2
5 ml	moutarde forte	1 c. à thé
5 ml	sauce Worcestershire	1 c. à thé
2 ml	poivre noir	1/2 c. à thé
2 ml	poivre de Cayenne	1/2 c. à thé
2 ml	poivre blanc	1/2 c. à thé
2 ml	paprika	1/2 c. à thé
5 ml	origan	1 c. à thé
30 ml	huile d'olive	2 c. à soupe
375 ml	bouillon de bœuf, chaud	1 1/2 tasse
15 ml	fécule de maïs	1 c. à soupe
45 ml	eau froide	3 c. à soupe
	sel	

1 Dans un bol, mélanger le bison, l'œuf, l'oignon cuit, l'ail, la moutarde et la sauce Worcestershire et du sel. Former 4 galettes.

2 Dans un bol, Mélanger les poivres, le paprika et l'origan.

3 Dans une poêle, faire chauffer l'huile d'huile à feu moyen et y faire cuire les épices 1 minute.

4 Ajouter les galettes et faire cuire 8 minutes. Retourner 4 fois durant la cuisson. Retirer les galettes cuites de la poêle. Tenir au chaud dans le four.

5 Dans la poêle chaude, faire bouillir le bouillon de bœuf de 3 à 4 minutes.

6 Diluer la fécule de maïs dans l'eau froide. Verser dans la poêle et faire cuire 1 minute.

7 Verser la sauce sur les hamburgers chauds. Accompagner de pommes de terre, si désiré.

Boulettes de bison en sauce aux légumes

4 portions

500 g	bison haché	1 lb
15 ml	persil frais haché	1 c. à soupe
1	gousse d'ail hachée	1
2 ml	poivre de Cayenne	1/2 c. à thé
1	échalote sèche, hachée	1
1	œuf	1
	sel et poivre	
15 ml	huile d'olive	1 c. à soupe
1	branche de céleri, tranchée	1
1	oignon, tranché	1
1	poivron rouge, en dés	1
125 ml	champignons frais, tranchés en 2	1/2 tasse
375 ml	bouillon de bœuf, chaud	1 1/2 tasse
15 ml	pâte de tomates	1 c. à soupe
15 ml	fécule de maïs	1 c. à soupe
45 ml	eau froide	3 c. à soupe

1 Dans un bol, mélanger les 6 premiers ingrédients. Saler et poivrer. Former des boulettes.

2 Dans une casserole, faire chauffer l'huile d'olive à feu moyen et y faire dorer les boulettes. Les retirer ensuite de la casserole.

3 Dans la casserole chaude, faire cuire le céleri et l'oignon de 3 à 4 minutes à feu moyen. Ajouter le poivron et les champignons, saler et poivrer, puis faire cuire 2 minutes.

4 Incorporer le bouillon de bœuf, puis la pâte de tomates. Poursuivre la cuisson 1 minute.

5 Dans un petit bol, diluer la fécule de maïs dans l'eau froide. Verser dans la casserole et faire cuire 2 minutes.

6 Remettre les boulettes dans la sauce, couvrir et faire cuire à feu doux 15 minutes. Servir.

Pain de bison avec sauce aux champignons
8 portions

1 kg	bison haché	2 lb
125 ml	chapelure	1/2 tasse
2	œufs	2
	sel et poivre	
1	branche de céleri, hachée finement	1
3	carottes, râpées	3
15 ml	ciboulette fraîche hachée	1 c. à soupe
15 ml	persil frais haché	1 c. à soupe
5 ml	zeste de citron râpé	1 c. à thé
	sauce aux champignons (voir p. 95)	

1 Préchauffer le four à 180 °C (350 °F).

2 Dans un grand bol, bien mélanger tous les ingrédients, sauf la sauce.

3 Mettre dans un moule à pain légèrement graissé et faire cuire au four 60 minutes.

4 Entre-temps, préparer la sauce aux champignons. Servir le pain d'agneau avec la sauce.

5 Accompagner de petites pommes de terre parisiennes rissolées, si désiré.

Rouleaux de cornichons au bison

6 portions

750 g	bison haché	1 1/2 lb
250 ml	mie de pain de blé entier	1 tasse
1	oignon, haché finement	1
3	gousses d'ail, hachées finement	3
1	œuf, légèrement battu	1
250 ml	jus de légumes	1 tasse
15 ml	moutarde forte	1 c. à soupe
2	gros cornichons à l'aneth	2
15 ml	huile végétale	1 c. à soupe
5 ml	beurre	1 c. à thé
1	boîte de crème de céleri de 227 ml (8 oz)	1
50 ml	liquide dans lequel baignent les cornichons à l'aneth	1/4 tasse
15 ml	persil frais haché	1 c. à soupe

1 Préchauffer le four à 180 °C (350 °F).

2 Dans un bol, mélanger les 7 premiers ingrédients. Saler et poivrer.

3 Couper les cornichons en minces tranches. Étaler la préparation au bison haché sur les tranches et former des rouleaux.

4 Dans une poêle, faire chauffer l'huile végétale et le beurre à feu moyen et y faire dorer les rouleaux quelques minutes. Transférer dans un plat allant au four.

5 Dans un bol, mélanger le reste des ingrédients, verser sur les rouleaux et faire cuire au four 20 minutes.

PLUSIEURS VIANDES

Hamburgers à l'orientale

4 portions

250 g	bœuf haché maigre	1/2 lb
30 ml	concentré liquide de bouillon de poulet	2 c. à soupe
50 ml	parmesan râpé	1/4 tasse
30 ml	ciboulette hachée ou échalote sèche hachée	2 c. à soupe
1	œuf, battu	1
250 ml	fèves germées hachées	1 tasse
250 g	poulet haché	1/2 lb
15 ml	huile de sésame	1 c. à soupe

1 Dans un bol, mélanger le bœuf haché, le concentré de liquide de bouillon de poulet, le parmesan, la ciboulette, l'œuf et les fèves germées.

2 Former 4 galettes. Façonner aussi le poulet haché en 4 galettes. Superposer une galette de bœuf et une de poulet, puis les presser l'une contre l'autre pour n'en faire qu'une seule. Les badigeonner d'huile de sésame des deux côtés.

3 Huiler la grille du barbecue et le préchauffer à intensité moyenne-élevée.

4 Faire cuire les galettes sur le barbecue de 5 à 6 minutes de chaque côté.

5 Servir dans des petits pains ronds à l'oignon grillés, avec des tranches de tomate et de la laitue.

Hamburgers aux deux viandes
4 à 6 portions

500 g	bœuf maigre haché	1 lb
250 g	veau haché	1/2 lb
1 ml	poivre noir	1/4 c. à thé
1 ml	poivre de Cayenne	1/4 c. à thé
5 ml	sauce Worcestershire	1 c. à thé
15 ml	huile d'olive	1 c. à soupe
1	oignon, finement haché	1
3	oignons verts, hachés	3
2 ml	thym	1/2 c. à thé
5 ml	basilic	1 c. à thé
2	gousses d'ail, blanchies, pelées et en purée	2
1	œuf	1
	sel	

1 Au robot culinaire, mélanger le bœuf et le veau. Ajouter le poivre noir, le poivre de Cayenne, la sauce Worcestershire et du sel ; mélanger.

2 Dans une poêle, faire chauffer la moitié de l'huile d'olive à feu moyen et y faire cuire l'oignon, les oignons verts, le thym, le basilic et l'ail 3 minutes.

3 Verser le contenu de la poêle sur la viande, dans le robot. Mélanger. Ajouter l'œuf et mélanger de nouveau.

4 Former 4 ou 6 galettes.

5 Huile la grille du barbecue et le préchauffer à feu moyen.

6 Faire cuire les galettes sur le barbecue, à couvert, 5 minutes de chaque côté. Servir avec des condiments au choix.

Tourtière facile
4 à 6 portions

250 g	veau haché	1/2 lb
250 g	porc haché	1/2 lb
1	oignon de taille moyenne	1
50 ml	eau	1/4 tasse
4 ml	sel	3/4 c. à thé
	poivre	
	une pincée de clou de girofle moulu	
	une pincée de sarriette	
	pâte à tarte pour 2 abaisses	
1	jaune d'œuf	1

1 Préchauffer le four à 230 °C (450 °F).

2 Dans une grande casserole, mélanger tous les ingrédients sauf la pâte et le jaune d'œuf. Faire cuire à feu moyen jusqu'à ce que la viande soit cuite, sans être sèche. Rectifier l'assaisonnement, s'il y a lieu.

3 Pendant que le mélange refroidit, foncer une assiette à tarte d'une abaisse. Y verser la garniture et couvrir d'une autre abaisse. Sceller les bords en les pinçant et pratiquer quelques incisions sur le dessus pour laisser s'échapper la vapeur.

4 À l'aide d'une fourchette, battre le jaune d'œuf avec un peu d'eau. En badigeonner la croûte. Faire cuire au four de 20 à 25 minutes, ou jusqu'à ce que la croûte soit bien dorée.

Tourtière au poulet et au porc

6 portions

15 ml	beurre	1 c. à soupe
1	oignon haché	1
250 g	poulet haché, cru	1/2 lb
250 g	porc haché, cru	1/2 lb
1 ml	clou de girofle moulu	1/4 c. à thé
1 ml	muscade moulue	1/4 c. à thé
75 ml	bouillon de poulet	1/3 tasse
	pâte à tarte pour 2 abaisses, chacune de 20 cm (8 po) de diamètre	
1	œuf, battu	1
	sel et poivre	

1 Préchauffer le four à 200 °C (400 °F).

2 Dans une casserole, faire fondre le beurre et y faire revenir l'oignon à feu moyen de 4 à 5 minutes. Ajouter le poulet et le porc ; saler et poivrer et faire cuire de 6 à 8 minutes, ou jusqu'à ce que la chair ne soit plus rosée.

3 Incorporer le clou de girofle et la muscade, puis verser le bouillon de poulet. Poursuivre la cuisson jusqu'à ce que la viande ait absorbé tout le liquide. Retirer du feu.

4 Garnir une assiette à tarte d'une abaisse de pâte et badigeonner les bords d'œuf battu

5 Égoutter la viande de son gras de cuisson, puis la déposer dans l'abaisse. Couvrir de l'autre abaisse et appuyer sur le bord pour coller les abaisses l'une à l'autre.

6 Perforer le centre de la tourtière avec la pointe d'un couteau, puis badigeonner la surface d'œuf battu.

7 Faire cuire au four de 20 à 25 minutes, ou jusqu'à ce que la pâte soit bien dorée.

8 Servir avec des légumes et du ketchup aux tomates maison, si désiré.

Pain de viande à l'italienne

6 portions

500 g	bœuf haché maigre	1 lb
250 g	porc haché maigre	1/2 lb
1	sachet de soupe aux champignons d'environ 70 g	1
125 ml	chapelure	1/2 tasse
125 ml	oignon haché finement	1/2 tasse
1	œuf	1
1	boîte de sauce à pizza de 213 ml (7 1/2 oz)	1
120 g	mozzarella ou provolone, en tranches fines	4 oz

1 Préchauffer le four à 190 °C (375 °F).

2 Dans un grand bol, bien mélanger le bœuf, le porc, le sachet de soupe, la chapelure, l'oignon, l'œuf et la moitié de la sauce à pizza. Tasser le mélange dans une assiette à tarte de 23 cm (9 po) de diamètre.

3 Faire cuire au four 40 minutes, ou jusqu'à ce que la préparation soit cuite. Égoutter. Étaler le reste de la sauce à pizza sur la viande et garnir de fromage. Poursuivre la cuisson 5 minutes, ou jusqu'à ce que le fromage soit fondant. Couper en pointes et servir.

Boulettes de viande en sauce

6 portions

15 ml	huile d'olive	1 c. à soupe
1	oignon, haché	1
1	branche de céleri, en dés	1
1/2	petit piment fort, haché	1/2
2	gousses d'ail, pelées et hachées	2
4	grosses tomates, épépinées et hachées	4
	une pincée de cassonade	
2 ml	origan	1/2 c. à thé
2 ml	basilic	1/2 c. à thé
15 ml	persil haché	1 c. à soupe
150 g	pâte de tomates	5 oz
125 ml	bouillon de bœuf, chaud	1/2 tasse
250 g	bœuf haché maigre	1/2 lb
250 g	veau haché maigre	1/2 lb
2 ml	chili, en poudre	1/2 c. à thé
1	blanc d'œuf battu	1
1	oignon, finement haché et blanchi	1
15 ml	huile de tournesol	1 c. à soupe
	sel et poivre	

1 Dans une casserole, faire chauffer l'huile d'olive à feu moyen-doux et y faire cuire l'oignon, le céleri, le piment fort et l'ail de 4 à 5 minutes, à couvert. Incorporer les tomates, la cassonade, l'origan, le basilic, le persil, la pâte de tomates et le bouillon de bœuf. Saler, poivrer et porter à ébullition ; poursuivre la cuisson 25 minutes, à découvert.

2 Entre-temps, au robot culinaire, mélanger le bœuf, le veau, le chili en poudre et du poivre 15 secondes.

3 Ajouter le blanc d'œuf et l'oignon blanchi. Mélanger jusqu'à ce que la viande forme une boule. Former des boulettes de 2,5 cm (1 po) de diamètre.

4 Dans une poêle, faire chauffer l'huile de tournesol à feu moyen-vif et y faire cuire les boulettes de 7 à 9 minutes, ou selon la grosseur. Saler, poivrer.

5 Retirer le surplus de graisse de la poêle et verser la sauce tomate sur les boulettes. Laisser mijoter 5 minutes. Servir sur des pâtes chaudes.

Roulés de viande grillés
4 portions

500 g	agneau haché	I lb
250 g	porc haché maigre	I/2 lb
250 g	veau haché maigre	I/2 lb
I	oignon, haché et cuit	I
2	gousses d'ail, hachées	2
15 ml	persil frais haché	I c. à soupe
I	œuf	I
4	lanières, chacune de 25 cm (10 po) de long, de surlonge de bœuf	4
	sel et poivre	

1 Huiler la grille du barbecue et le préchauffer à intensité moyenne.

2 Au robot culinaire, mélanger l'agneau, le porc, le veau, l'oignon, l'ail, le persil et l'œuf.

3 Former 4 cylindres et entourer chacun d'une lanière de surlonge de bœuf. Fixer en place à l'aide de cure-dents.

4 Faire cuire sur le barbecue de 12 à 14 minutes, ou selon le degré de cuisson désiré. Retourner la viande 4 fois ; saler et poivrer 2 fois.

Pâtes à la sauce aux deux viandes

4 à 6 portions

30 ml	huile d'olive	2 c. à soupe
1	oignon, haché	1
1	branche de céleri, en dés	1
2	gousses d'ail, pelées et hachées	2
3	oignons verts, hachés	3
1 kg	grosses tomates, pelées, épépinées et en cubes	2 lb
30 ml	pâte de tomates	2 c. à soupe
15 ml	persil haché	1 c. à soupe
15 ml	thym haché	1 c. à soupe
30 ml	basilic frais haché	2 c. à soupe
250 g	bœuf maigre haché	1/2 lb
250 g	veau haché	1/2 lb
250 ml	sauce tomate	1 tasse
4 à 6	portions de pâtes cuites, chaudes	4 à 6
	une pincée de piments rouges séchés broyés	
	une pincée de sucre	
	sel et poivre	

1 Dans une casserole, faire chauffer la moitié de l'huile d'olive à feu moyen et y faire cuire l'oignon, le céleri, l'ail et les oignons verts 4 minutes.

2 Ajouter les tomates, la pâte de tomates, le persil, le thym, le basilic, les piments rouges séchés et le sucre. Saler, poivrer, mélanger et porter à ébullition. Faire cuire 18 minutes, à feux doux, en remuant de temps à autre.

3 Dans une poêle, faire chauffer le reste de l'huile d'olive à feu moyen-vif et y faire cuire le bœuf et le veau 7 minutes; saler et poivrer.

4 Égoutter la viande et l'ajouter à la préparation aux tomates. Incorporer la sauce tomate. Saler, poivrer, remuer et poursuivre la cuisson 35 minutes, à feux doux. Remuer durant la cuisson.

5 Servir sur des pâtes chaudes.

Rotini à la viande
4 portions

15 ml	huile d'olive	1 c. à soupe
1	oignon, finement haché	1
2	gousses d'ail, pelées et hachées	2
1	branche de céleri, en dés	1
15 ml	basilic frais haché	1 c. à soupe
15 ml	persil frais haché	1 c. à soupe
125 ml	vin blanc sec	1/2 tasse
250 g	porc haché maigre	1/2 lb
750 g	veau haché maigre	3/4 lb
5	grosses tomates, pelées et hachées	5
30 ml	pâte de tomates	2 c. à soupe
2 ml	thym	1/2 c. à thé
4	portions de rotini cuits, chauds	4
	une pincée de sucre	
	sel et poivre	
	parmesan râpé	

1 Dans une casserole, faire chauffer l'huile d'olive à feu moyen et y faire cuire l'oignon, l'ail et le céleri 6 minutes. Ajouter le basilic, le persil et le vin. Faire cuire 3 minutes.

2 Incorporer le porc et le veau, saler, poivrer et faire cuire 6 minutes. Mélanger 2 fois durant la cuisson.

3 Ajouter les tomates, la pâte de tomates, le thym et le sucre. Saler, poivrer et faire cuire 18 minutes à feu doux.

4 Ajouter les pâtes chaudes et mélanger. Parsemer de fromage râpé au moment de servir.

Lasagne aux deux viandes

6 portions

45 ml	beurre	3 c. à soupe
1	oignon, pelé et haché	1
2	carottes, pelées et en dés	2
1	branche de céleri, en dés	1
150 g	prosciutto, en dés	5 oz
125 g	veau haché	1/4 lb
500 g	bœuf haché maigre	1 lb
2	gousses d'ail, pelées et hachées	2
250 ml	vin blanc sec	1 tasse
4	grosses tomates, pelées, épépinées et hachées	4
30 ml	basilic frais haché	2 c. à soupe
500 g	lasagnes, cuites al dente	1 lb
500 ml	sauce béchamel, chaude (voir p. 94)	2 tasses
250 ml	parmesan râpé	1 tasse
175 ml	mozzarella râpée	3/4 tasse

1 Préchauffer le four à 180 °C (350 °F).

2 Faire chauffer le beurre à feu moyen. Y faire cuire l'oignon, les carottes et le céleri 6 minutes. Incorporer le prosciutto et poursuivre la cuisson 2 minutes. Ajouter le veau et le bœuf; saler, poivrer et faire brunir 6 minutes.

3 Ajouter l'ail et le vin. Faire cuire 4 minutes. Ajouter les tomates hachées et le basilic. Saler, poivrer et faire cuire 8 minutes pour que le liquide des tomates s'évapore. Rectifier l'assaisonnement.

4 Garnir de pâtes le fond d'un moule à lasagne, beurré. Recouvrir de la moitié du mélange de viandes hachées, d'une couche de sauce béchamel, puis de parmesan et de mozzarella.

5 Répéter ces couches en terminant par les fromages râpés. Faire cuire au four 40 minutes. Laisser reposer 5 minutes; servir.

Terrine aux trois viandes
20 portions

500 g	veau haché maigre	1 lb
500 g	bœuf haché maigre	1 lb
500 g	porc haché maigre	1 lb
6	tranches de bacon, hachées	6
30 ml	beurre	2 c. à soupe
1	oignon, haché	1
1	gousse d'ail, hachée finement	1
500 ml	épinards hachés	2 tasses
5 ml	basilic séché	1 c. à thé
5 ml	romarin séché	1 c. à thé
5 ml	graines de fenouil	1 c. à thé
5 ml	poivre du moulin	1 c. à thé
1	sachet de mélange à soupe à l'oignon	1
45 ml	persil frais haché	3 c. à soupe
2	œufs	2
250 ml	chapelure	1 tasse
175 ml	lait	3/4 tasse
10	tranches de bacon	10
8	œufs durs	8

1 Dans un grand bol, mélanger toute la viande hachée et le bacon haché.

2 Dans une poêle, faire fondre le beurre à feu moyen et y faire cuire l'oignon et l'ail jusqu'à ce qu'ils soient tendres. Incorporer les épinards, le basilic, le romarin et les graines de fenouil. Faire revenir 1 minute en remuant.

3 Transférer dans le bol contenant toute la viande hachée ; poivrer, puis incorporer le mélange à soupe à l'oignon, le persil, les deux œufs, la chapelure et le lait.

4 Préchauffer le four à 180 °C (350 °F).

5 Tapisser deux moules à pain de tranches de bacon. Répartir la moitié de la préparation entre les deux moules. Déposer 4 œufs durs côte à côte, dans le sens de la longueur, au centre de chaque moule. Couvrir du reste de la préparation, puis presser légèrement.

6 Couvrir les moules de papier d'aluminium et les déposer côte à côte dans un grand plat allant au four. Remplir le plat d'eau, à mi-hauteur, puis faire cuire au four 1 h 15.

Suite page 87 ▶

Terrine aux trois viandes

▶ **Suite de la page 86**

7 Sortir les moules du four et enlever le papier d'aluminium. Laisser reposer 30 minutes, puis dégraisser. Recouvrir de nouveau chaque moule de papier d'aluminium et réfrigérer toute la nuit avant de servir la terrine.

8 Accompagner de craquelins et de grissini, si désiré.

Pain de viande poivré
6 à 8 portions

15 ml	huile d'olive	1 c. à soupe
1	oignon, haché finement	1
1/2	branche de céleri, en dés	1/2
3	échalotes sèches, hachées	3
1 1/2	poivron rouge, haché	1 1/2
2	gousses d'ail, pelées et hachées	2
30 ml	zeste de citron râpé	2 c. à soupe
5 ml	sauce Worcestershire	1 c. à thé
500 g	porc haché maigre	1 lb
375 g	veau haché	3/4 lb
250 g	bœuf haché maigre	1/2 lb
	sel	
2	œufs	2
2 ml	thym	1/2 c. à thé
5 ml	basilic	1 c. à thé
1 ml	poivre de Cayenne	1/4 c. à thé
1 ml	poivre noir	1/4 c. à thé
1 ml	clou de girofle moulu	1/4 c. à thé
1 ml	chili en poudre	1/4 c. à thé
50 ml	chapelure	1/4 tasse
45 ml	lait évaporé	3 c. à soupe
45 ml	sauce chili	3 c. à soupe

1 Dans une poêle, faire chauffer l'huile d'olive à feu moyen-doux et y faire cuire l'oignon, le céleri, les échalotes, le poivron et l'ail 6 minutes.

2 Ajouter le zeste de citron et la sauce Worcestershire. Mélanger et poursuivre la cuisson 2 minutes. Retirer les légumes de la poêle et réserver.

3 Préchauffer le four à 180 °C (350 °F).

4 Au robot culinaire, mélanger le porc, le veau et le bœuf. Saler et mélanger 15 secondes. Ajouter les œufs et mélanger 1 minute.

5 Dans un petit bol, mélanger le thym, le basilic, le poivre de Cayenne, le poivre noir, le clou de girofle, le chili en poudre. Incorporer à la viande. Ajouter la chapelure, le lait évaporé et la sauce chili. Mélanger 15 secondes.

6 Transférer la préparation à la viande dans un bol, puis incorporer les légumes cuits à la cuillère. Verser le tout dans un moule à pain.

Suite page 89 ▶

Pain de viande poivré

▶ **Suite de la page 88**

7 Placer le moule dans un plat allant au four, contenant de 2,5 cm (1 po) d'eau. Faire cuire au four 50 minutes, à découvert.

8 Augmenter la température du four à 200 °C (400 °F) et poursuivre la cuisson 6 minutes. Servir chaud.

SAUCES

Sauce au bœuf et au cheddar
4 litres (12 tasses)

2 kg	bœuf haché maigre	4 lb
250 ml	oignons hachés finement	1 tasse
3	boîtes de sauce tomate, chacune de 398 ml (14 oz)	3
15 ml	sel	1 c. à soupe
15 ml	sauce Worcestershire	1 c. à soupe
1 litre	cheddar râpé	4 tasses

1 Dans une grande casserole, faire revenir le bœuf et les oignons jusqu'à ce que la viande soit brunie et les oignons, tendres. Égoutter.

2 Remettre la viande et les oignons dans la casserole, puis ajouter la sauce tomate, le sel et la sauce Worcestershire. Porter à ébullition.

Baisser le feu, couvrir et laisser mijoter 45 minutes, en remuant de temps à autre. Retirer du feu. Ajouter le cheddar et remuer jusqu'à ce qu'il ait fondu. Laisser refroidir.

3 Diviser la sauce en 4 portions égales, puis les congeler dans des contenants de plastique ou des sacs à congélation.

Sauce à spaghetti au poulet
12 portions

15 ml	huile végétale	1 c. à soupe
4	oignons, hachés finement	4
2	branches de céleri, en dés	2
2	carottes, en dés	2
2	poivrons verts, en dés	2
500 g	champignons tranchés	1 lb
1 kg	poulet haché, cru	2 lb
3	gousses d'ail, pelées et hachées finement	3
1	boîte de jus de tomate de 1,36 litre (48 oz)	1
2	boîtes de tomates italiennes, en dés, chacune de 540 ml (19 oz)	2
1	boîte de pâte de tomates de 157 ml (10 oz)	1
300 g	épinards frais, hachés	10 oz
2 ml	thym séché	1/2 c. à thé
2 ml	origan séché	1/2 c. à thé
2 ml	marjolaine séchée	1/2 c. à thé
2 ml	piment fort	1/2 c. à thé
2	feuilles de laurier	2
15 ml	sucre	1 c. à soupe
	sel et poivre	

1 Dans une casserole, faire chauffer l'huile végétale et y faire revenir les oignons, le céleri, les carottes, les poivrons et les champignons, jusqu'à ce qu'ils soient tendres. Remuer de temps à autre.

2 Ajouter le poulet et poursuivre la cuisson de 7 à 8 minutes, tout en remuant. Incorporer le reste des ingrédients et faire cuire à feu doux 2 h à 2 h 30, en remuant de temps à autre.

3 Lorsque la sauce est bien refroidie, on peut la congeler en portions individuelles ou familiales.

Sauce à spaghetti
4 portions

1	portion décongelée de sauce au bœuf et au cheddar (voir p. 90)	1
1	boîte de tomates entières de 398 ml (14 oz)	1
1	boîte de champignons tranchés de 284 ml (10 oz), égouttés	1
1	boîte de pâte de tomates de 156 ml (5 1/2 oz)	1
1	gousse d'ail, hachée finement	1
1	feuille de laurier	1

1 Dans une grande casserole, mélanger tous les ingrédients et porter à ébullition à feu moyen-vif. Réduire le feu, couvrir et laisser mijoter 20 minutes en remuant de temps à autre. Retirer la feuille de laurier.

2 Servir avec des pâtes au choix.

Sauce à la viande
6 portions

30 ml	huile d'olive	2 c. à soupe
1	gros oignon, pelé et haché finement	1
4	gousses d'ail, pelées et hachées	4
2	carottes pelées et en dés	2
250 g	bœuf haché maigre	1/2 lb
250 ml	vin rouge sec	1 tasse
500 ml	bouillon de bœuf, chaud	2 tasses
8	tomates, pelées, épépinées et hachées	8
4	tranches de jambon cuit, en dés	4
5	tranches de prosciutto, en dés	5
5 ml	zeste de citron râpé	1 c. à thé
30 ml	basilic frais haché	2 c. à soupe
5 ml	origan	1 c. à thé
30 ml	persil frais haché	2 c. à soupe
	sel et poivre fraîchement moulu	

1 Dans une grande casserole, faire chauffer l'huile d'olive à feu moyen et y faire cuire l'oignon, l'ail et les carottes 8 minutes.

2 Ajouter le bœuf haché et mélanger. Saler, poivrer et poursuivre la cuisson 6 minutes pour faire brunir la viande. Réduire le feu, s'il est trop fort.

3 Verser le vin et le bouillon de bœuf. Ajouter le reste des ingrédients, puis saler et poivrer. Mélanger, couvrir partiellement et faire cuire 1 h 30 à feu doux. Remuer 2 ou 3 fois pendant la cuisson.

Sauce barbecue
Environ 250 ml (1 tasse)

90 ml	ketchup	6 c. à soupe
30 ml	pâte de tomates	2 c. à soupe
30 ml	huile végétale	2 c. à soupe
	une pincée de poudre de cari	
30 ml	brandy	2 c. à soupe
	quelques gouttes de sauce tabasco	
1	oignon, haché	1
1	gousse d'ail, hachée	1
30 ml	persil frais haché	2 c. à soupe
15 ml	ciboulette fraîche hachée	1 c. à soupe
	poivre du moulin	

1 Dans un bol, battre au fouet le ketchup, la pâte de tomates et l'huile végétale pour obtenir une consistance lisse.

2 Diluer le cari dans le brandy, puis ajouter la sauce tabasco. Incorporer à la première préparation.

3 Ajouter le reste des ingrédients et bien mélanger.

4 Cette sauce accompagne aussi bien les biftecks que les côtelettes ou les hamburgers. Elle peut aussi servir de trempettes pour des crudités ou des croustilles de maïs.

Sauce béchamel
500 ml (2 tasses)

60 ml	beurre	4 c. à soupe
60 ml	farine	4 c. à soupe
500 ml	lait, chaud	2 tasses
	sel et poivre	

1 Dans une casserole, faire fondre le beurre à feu moyen. Saupoudrer de farine, mélanger et faire cuire 2 minutes.

2 Incorporer le lait peu à peu en fouettant pour obtenir une sauce lisse.

3 Saler et poivrer. Faire cuire de 8 à 10 minutes, à feu doux.

Sauce Mornay
300 ml (1 1/4 tasse)

30 ml	beurre	2 c. à soupe
30 ml	farine	2 c. à soupe
125 ml	bouillon de poulet	1/2 tasse
125 ml	crème à 15 %	1/2 tasse
	sel et poivre	
50 ml	parmesan râpé	1/4 tasse

1 Dans une casserole, faire fondre le beurre, saupoudrer de farine et mélanger. Verser le bouillon de poulet graduellement, en remuant après chaque addition de façon à ce que la sauce reste épaisse. Ajouter la crème; saler et poivrer.

2 Incorporer le parmesan et faire cuire à feux doux de 3 à 5 minutes.

Aromates épicés

2	gousses d'ail blanchies, pelées et en purée	2
1 ml	muscade	1/4 c. à thé
2 ml	poivre noir	1/2 c. à thé
1 ml	moutarde en poudre	1/4 c. à thé
1 ml	thym	1/4 c. à thé
1 ml	poivre de Cayenne	1/4 c. à thé

1 Dans un bol, mélanger tous les ingrédients des aromates épicés.

Sauce aux champignons
500 ml (2 tasses)

30 ml	beurre	2 c. à soupe
120 g	champignons, tranchés	4 oz
1	échalote sèche, hachée	1
45 ml	farine	3 c. à soupe
250 ml	bouillon de bœuf	1 tasse
175 ml	sauce tomate	3/4 tasse
	sel et poivre	

1 Dans une casserole, faire fondre le beurre à feu moyen et y faire cuire les champignons et l'échalote 5 minutes, ou jusqu'à ce que les champignons soient tendres.

2 Saupoudrer de farine, mélanger et poursuivre la cuisson 2 minutes. Incorporer le bouillon de bœuf peu à peu, tout en remuant, puis la sauce tomate. Saler et poivrer. Laisser mijoter à feu doux 10 minutes.

Sauce au concombre
300 ml (1 1/4 tasse)

1	concombre, pelé, épépiné, haché finement	1
	sel	
250 ml	yogourt nature	1 tasse
2	oignons verts, hachés	2
5 ml	cumin moulu	1 c. à thé

1 Mettre le concombre dans une passoire et saupoudrer de sel. Laisser dégorger 15 minutes.

2 Dans un bol, mélanger le yogourt, les oignons verts et le cumin. Rincer et égoutter le concombre, puis l'incorporer au yogourt. Réfrigérer.

Sauce au cari
375 ml (1 1/2 tasse)

30 ml	beurre	2 c. à soupe
30 ml	farine	2 c. à soupe
5 ml	poudre de cari	1 c. à thé
	une pincée de gingembre moulu	
175 ml	crème à 10 %	3/4 tasse
125 ml	consommé de bœuf	1/2 tasse

1 Dans une casserole de taille moyenne, faire fondre le beurre. Incorporer la farine, le cari et le gingembre, puis, graduellement, la crème et le consommé.

2 Faire cuire à feu moyen, en remuant sans cesse, jusqu'à ce que la sauce bouille et épaississe.

Index